公路工程施工技术问答丛书

路基施工技术问答

侯永生　陈兆勇　编著

中国铁道出版社

2014年·北京

图书在版编目(CIP)数据

路基施工技术问答/侯永生,陈兆勇编著.—北京:中国铁道出版社,2014.3

(公路工程施工技术问答丛书)

ISBN 978-7-113-18010-2

Ⅰ.①路… Ⅱ.①侯…②陈… Ⅲ.①公路路基—工程施工—问题解答 Ⅳ.①U416.104-44

中国版本图书馆 CIP 数据核字(2014)第 023231 号

书　　名: 公路工程施工技术问答丛书
路基施工技术问答

作　　者: 侯永生　陈兆勇

策　　划: 江新锡

责任编辑: 冯海燕　张卫晓　　**编辑部电话:** 010-51873065

封面设计: 郑春鹏

责任校对: 龚长江

责任印制: 郭向伟

出版发行: 中国铁道出版社(100054,北京市西城区右安门西街 8 号)

网　　址: http://www.tdpress.com

印　　刷: 北京新魏印刷厂

版　　次: 2014 年 3 月第 1 版　2014 年 3 月第 1 次印刷

开　　本: 850 mm×1 168 mm　1/32　印张:6.25　字数:164 千

书　　号: ISBN 978-7-113-18010-2

定　　价: 18.00 元

前　言

2012年底公路通车里程达到410万公里，其中高速公路通车里程8.5万公里。按照交通运输部《交通运输"十二五"发展规划》，2015年公路通车里程要达到450万公里，高速公路总里程达到10.8万公里。可见，近几年公路基本建设仍处于高峰期，同时，现有道路的养护、改造、扩建工程也越来越多。

为适应公路建设的新形势，不断提高公路施工管理与技术水平，依据国家和交通部最新颁布的相关法规、标准、规范、实施细则，吸取近年来国内外有关公路施工领域的新材料、新技术研究成果，结合我国公路建设的实际情况及施工经验，以知识问答的形式编制了《公路工程施工技术问答丛书》。本丛书包括《水泥混凝土施工技术问答》、《桥梁施工技术问答》、《隧道施工技术问答》、《路基施工技术问答》、《沥青路面施工技术问答》、《公路施工管理问答》、《公路养护技术问答》，分别对公路施工中涉及的基本概念、基本理论、基本方法、基本工艺、常见质量问题等方面以问答的形式进行论述。

本丛书主要适用于从事公路工程现场施工的技术与管理人员及调岗人员的学习、教育，以提高其知识和技能水平。也可供公路建设管理部门、施工单及监理单位的管理人员和工程技术人员及大、专院校相关专业学生在生产和学习时参考使用。

《路基施工技术问答》全书共分为八章。第一章路基基础知识，主要就土的基本性质、填料的种类及技术指标，路基结构与施工方法等方面的基础性知识进行论述。第二章路基施工准备，就路基工程开工前的测量、试验、施工机械以及试验路段等知识进行论述。第三章一般路基施工，对路基工程的填方路堤施工、挖方路堤施工、轻质填料路堤施工以及路基拓宽改建施工以及路基排水施工的有关问题进行阐述。第四章特殊土质路基施工，就湿黏土、软土、红黏土、膨胀土、黄土、盐渍土路基施工的特殊性及施工注意事项等进行论述。第五章特殊环境路基施工，主要对冻土地区，岩溶、采空区，滑坡地段，临水地区路基施工的特殊性及施工重点控制点进行论述。第六章冬雨期路基施工，分别对路基在冬期及雨期路基施工应注意的细节进行阐述。第七章路基防护与支挡，主要对路基坡面的直接防护及间接防护的方法及施工工艺进行论述。第八章路基工程常见病害的预防与处理，注意就路基常见的裂缝问题、压实度不足、边坡病害与高填方沉降出现的原因以及预防防治措施进行论述。

本丛书在编写过程中得到河北省道路结构与材料工程技术研究中心的大力帮助，在此深表感谢。由于书中涉及面广、内容较多，编者知识与经验有限，不足和错误之处，敬请指正。

2013 年 11 月

目　录

第一章　路基基础知识

第一节　土的基本性质

1101　什么是土?

土是岩石风化的产物。岩石暴露在大气圈内,由于风、霜、雨、雪以及温度升降变化的影响,裂隙中积水结冰等原因(物理风化),使岩石崩解成块。其大小从块石到粘粒皆有,其外形因圆顺或有棱角而不同,但它的化学成份与母岩相同。这些碎块再与水、二氧化碳、氧气接触(化学风化)以及受生物作用(生物风化),其粒径变得更小,与母岩化学成分也有所不同的物质。这些由风化作用形成的沉积物或未经固结的松散集合体,在工程上统称为土。

1102　工程土一般有哪些分类方法?

(1)按地质成因分类:残积土、坡积土、洪积土、冲积土、海积土、湖积土、淤积土、风积土和冰积土等。

(2)按沉积年代分类:老黏土——第四纪上更新世(Q_3)及期以前沉积的,具有较高的结构强度和低压缩性;一般黏性土——第四纪全新世(Q_4)沉积的黏性土;新近沉积的黏性土——近代文化期沉积的,一般为欠压密的,结构性较差。

(3)按堆积碎屑物粗细(颗粒级配)分类:碎石类土、砂土、粉土和黏性土。

(4)按塑性指数分类——适用于黏性土。

(5)按塑性图分类——适用于砾、砂及黏性土。

(6)按地区和工程地质分类的特殊土,如黄土、红黏土、膨胀土、软土、盐渍土、多年冻土、填土等。

1103 土由哪几部分组成?

土中固体的矿物颗粒构成骨架,其间布满孔隙。孔隙中可能全部为水或空气所充满,为二相体,在多数的情况下,孔隙中水和空气各占一部分,则呈三相体。这种组成部分的改变决定于周围的条件,如压力、温度和湿度等的变化,三相之间量的比例关系和相互作用,决定着土的物理力学性质。

1104 土中固体颗粒一般是什么?对土的性质有什么影响?

(1)砂类土

砾石、卵石和各种砂土的颗粒主要由原生矿物所组成。母岩中原有的矿物成分如石英、长石、云母等,它们在物理风化作用下,形成大小为0.05~200 mm的各种颗粒。颗粒形状多为浑圆,间或带有棱角。这些矿物是憎水性的,与水的相互作用并不显著。

(2)黏性土

黏性土的矿物颗粒主要由次生矿物组成。原生矿物中一部分可溶解的成分,经雨水淋溶以后,被流水带到其他地方沉积下来,形成可溶性的次生矿物,如方解石、白云石、石膏等。另外,还有一些残留部分,形成新的不可溶解的次生矿物,如高岭石、蒙脱石、伊利石等,它们是各种黏性土的主要组成部分。这三种黏土矿物因含量上的差异,构成不同性质的黏性土。

高岭石:具有坚固的不活动的骨架,晶体构造比较稳定,故吸水性能较差,压缩性和膨胀性都很小,但透水性较大。

蒙脱石:具有互相对称的晶格且为层状结构,相邻层组之间由于电荷相同,故层与层之间结合力较小,水易渗入其中,引起土的剧烈膨胀。同时在晶格内部,低价元素可以交换高价元素,形成额外晶格缺陷,因而加大土对水的吸收能力。由于蒙脱石具有这些特点,所以它的吸水性、膨胀性、压缩性都很大,但透水性却很小。

伊利石:矿物晶格与蒙脱石相似,但由于钾离子分布于层与层之间,可以加强层间的稳定性。所以,伊利石的物理性质介于高岭石和蒙脱石之间。

黏土矿物颗粒粒径在 0.001～5 μm 之间，颗粒呈鳞片状，具有很强的亲水性(其中高岭石较弱，蒙脱石最强)。因颗粒很细，故颗粒之间产生很大的吸引力，将一部分水紧紧地吸附在颗粒表面，水不能自由移动，并且具有抵抗变形的能力。这是黏性土区别于砂性土的显著标志之一。

1105　土中的水有哪几种形态?

(1)吸附水

吸附水紧紧吸附在颗粒表面，它的性质与普通水有很大的差别。由于高岭石、蒙脱石、伊利石颗粒表面一般带有负电荷，对水有很大的静电作用，所以能将约 0.003 μm 厚度水吸附在其表面。吸附水的密度约在 1.2～2.0 之间，冰点在 －78 ℃，并具有很大的黏滞性、弹性和塑性，这种水在地球引力下不移动，只有在 105 ℃～500 ℃温度下用烘干的方法才能从土的颗粒表面逸出。

(2)薄膜水

在吸附水的外层，由于距离黏土颗粒表面较远，故被颗粒吸引的程度要弱些。当两个相邻薄膜水的厚度不同时，较厚的水膜会向较薄处移动。薄膜水也具有一定的黏滞性和可塑性。吸着水和薄膜水的存在是黏性土具有可塑性的根本原因。薄膜水在 105 ℃～500 ℃时可从土中逸出。

(3)孔隙水

孔隙水远距颗粒表面，可以认为不受静电力的影响，可以自由移动。其中一部分位于地下水位以下，受重力作用在孔隙中自由移动，并对土产生浮力，称为“重力水”。还有另一部分位于地下水位以上的土孔隙中，称为“毛细水”。孔隙水在 80 ℃～105 ℃时即可从土体中逸出。

1106　土中气相组分对土的性质有什么影响?

土体中存在一定量的气体，如空气，也可能还有沼气等其他气体。它们可能是与大气相通的，也可能是封闭的。当气体与大气相通时，土体受到压力后，气体可被排出到土体之外；反之，由于气体与大气不相通，气体不能被排除到土体之外，这样土就具有特殊的弹性特性；由于土体不能与大气相能，从而孔隙中水也不能受压排除到土体之外，因而土体受外力作用时，其变形过程延长。土体中气体的存在远较土中水对土的性质影响为小，但在特殊情况下，也会严重影响土的工程性质。如封闭气体的存在，就会降低土的透水性和产生弹性变形等。

1107 什么是土的密度？

单位体积土的质量（包括孔隙中水的质量在内）称为土的密度。当土的结构比较松散，孔隙中水分较多时，密度就小；结构紧密，水分较少时，密度就大。

$$\rho = \frac{m}{v}$$

式中 ρ——密度；

m——质量；

v——体积。

工程设计中还经常用到饱和密度 ρ_{sr}、浮密度 ρ' 和干密度 ρ_d 等指标，它们均是土体在不同状态下的密度。

(1)饱和密度 ρ_{sr}

当土体的孔隙完全为水所充满时，土体的密度

$$\rho_{sr} = \frac{m_s + V_r \rho_w}{V}$$

式中 ρ_{sr}——饱和密度（g/cm^3）；

m_s——土体固体颗粒质量（g）；

V_r——土体孔隙体积（cm^3）；

ρ_w——水密度，一般可取 1 g/cm^3；

V——土体体积（cm^3）。

(2)浮密度 ρ'

表示地下水位以下的土体，且它的孔隙完全被水所充满，但又整个受到地下水的浮力作用。因此有：

$$\rho' = \rho_{sr} - \rho_{w}$$

(3)干密度 ρ_d

表示单位体积内土粒的质量(g/cm^3)。

$$\rho_d = \frac{m_s}{V}$$

1108 什么是土的颗粒密度？

土体内的固体颗粒质量与颗粒体积之比值，称为颗粒密度(g/cm^3)，即视密度、比重。颗粒密度的大小取决于土的矿物成分。

$$\rho_s = \frac{m_s}{V_s}$$

式中 V_s——土固体颗粒的体积(cm^3)。

1109 什么是土的含水率？

土中水的质量与土固体颗粒质量的比值称为土的含水率，以百分数计。不同的土其含水率的变化范围很大。干燥坚硬的土，含水率只有2%～10%，而软黏土的含水率可达50%～200%。

$$\omega = \frac{m_\omega}{m_s} \times 100$$

式中 ω——土的含水率(%)；

m_ω——土体水的质量(g)。

1110 什么是土的孔隙比？

土中的孔隙体积与土固体颗粒体积的比值称为孔隙比。它反映了土的松软和紧密程度。

$$e = \frac{V_v}{V_s}$$

式中 e——孔隙比；

V_v——孔隙体积(cm^3)。

1111 什么是土的孔隙率？

土中孔隙体积与全部体积之比称为孔隙率（%）。

$$n=\frac{V_v}{V}\times 100$$

式中 n——孔隙率（%）；

V——土体体积（cm^3）。

孔隙比与孔隙率之间存在着下面的关系。

$$n=\frac{100\times e}{1+e}$$

$$e=\frac{n}{100-n}$$

1112 什么是土的饱和度？

土中水分所占体积与全部孔隙所占体积之比，称为饱和度。

$$S_r=\frac{V_w}{V_v}\times 100$$

式中 S_r——饱和度（%）；

V_w——土体中水的体积（cm^3）。

1113 土的室内试验包括哪些？这些试验成果有什么应用？

（1）土的物理性能试验：包括含水率、密度、颗粒密度（比重）、界限含水率、颗粒分析、渗透、击实等试验。试验成果可分别用于土的工程分类、土的状态判定、渗透计算、填土工程施工方法的选择和质量控制。

（2）砂的相对密度试验：包括砂的最大和最小孔隙比试验，由此确定的砂的相对密实度，可作为判断砂疏密状态的指标。

（3）土的变形试验：包括固结、压缩、湿陷性和膨胀性等。这些试验可为设计提供变形参数，即：压缩系数、压缩模量、体积压缩系数、压缩指数、回弹指数、前期固结压力、固结系数、湿陷系数、自重湿陷系数、膨胀率、膨胀力等指标。

(4)土的强度试验:包括直接剪切试验、反复直接剪切试验、三轴压缩试验、无侧限抗压强度试验等。这些试验可为设计提供抗剪强度指标参数(凝聚力、内摩擦角)、无侧限抗压强度、灵敏度等。用以计算地基、边坡及挡土墙等的稳定性,必要时用以计算地基承载力。

(5)土的化学性试验:包括黏土矿物鉴定、有机质和盐渍土试验等。黏土矿物成分是决定土的物理、化学性质的重要因素;有机质试验可测得土中的有机质含量,供研究其特性或供施工选择土料之用;盐渍土指土中易溶盐含量大于5%的土。随着其含量多寡和类别的不同,土的物理力学性质将有不同程度的改变,进行盐渍土试验,提供相应的指标,作为地基评价、采取工程措施或选料决策的依据。

1114　土的原位测试方法主要有哪些?试验成果有什么应用?

(1)静力载荷试验(简称载荷试验):包括平板载荷试验、螺旋载荷试验、桩基载荷试验、动载荷试验等。试验成果应用于确定地基承载力、变形模量;预估建筑物沉降量;计算地基土的固结系数、不排水剪的强度;确定单桩(垂直、横向)承载力。

(2)静力触探试验:适用于软土、黏性土、砂类土及含少量碎石的土层,常用于划分土层界面、土类定名,确定地基承载力和单桩极限荷载、判别砂土和饱和粉土液化可能性及测定地基土的物理力学参数等。

(3)动力触探试验:适用于黏性土、砂类土和碎石类土。利用动力触探测试资料,可以确定砂土、碎石土密实度及地基土的承载力;评定土的抗剪强度及变形模量等。

(4)标准贯入试验:适用于一般黏性土、粉性土和砂类土。可判定砂土密实程度或黏性土的塑性状态判别饱和砂土、粉土的液化等。

(5)十字板剪切试验:适用于测定饱和黏性土的不排水抗剪强度及灵敏度等参数。

1115 原位测试与室内试验相比较,各有什么优缺点?

原位测试就是在土原来所处的位置基本保持土的天然结构,天然含水率以及天然应力状态测定土的性能。它与勘探—取样—室内试验相比,有以下优点:

(1)可以测定诸如砂土、流动淤泥层、贝壳层、破碎带等采样时不可避免会扰动的土层的工程性质;

(2)避免采样过程中应力释放的影响;

(3)原位测试的土体体积比室内试样大,因此代表性也大;

(4)可缩短勘探周期。

但原位测试也有不足之处,主要表现在以下几个方面:

(1)各种原位测试都有其使用条件,如使用不当则会影响其效果。

(2)有些原位测试所得参数与土的工程性质的关系往往是建立在统计经验关系上,难以从理论上解释。

(3)影响原位测试成果的因素较为复杂(如周围的应力场、排水条件等),使得对测定值的准确判定造成一定困难。

(4)原位测试中的主应力方向往往与实际工程问题中的主应力方向并不一致。

第二节 填料的种类及技术指标

1201 路基填料的一般要求是什么?

用于公路路基的填料要求挖取方便,压实容易,强度高,水稳定性好。其中强度要求是按 CBR 值确定,应通过取土试验确定填料最小强度和最大粒径。最小强度和最大粒径的要求见表 1-1。

表 1-1 路基填方材料最小强度和最大粒径表

填料应用部位（路床顶面以下深度）(m)		填料最小强度(CBR)(%)			填料最大粒径(mm)
		高速公路、一级公路	二级公路	三、四级公路	
路堤	上路床(0～0.30)	8	6	5	100
	下路床(0.30～0.80)	5	4	3	100
	上路堤(0.80～1.50)	4	3	3	150
	下路堤(>1.50)	3	2	2	150
零填及挖方路基	0～0.30	8	6	5	100
	0.30～0.80	5	4	3	100

1202 公路工程路基填料以什么标准划分？分为哪几类？

依据《公路土工试验规程》(JTG E40—2007)标准，公路工程路基填料以土的颗粒组成特征、塑性指标（液限、塑限、塑性指数）、有机质存在情况进行分类。填料分为巨粒土、粗粒土、细粒土和特殊土。其中巨粒土又分为漂石土和卵石土，粗粒土分为砾类土和砂类土，细粒土分为粉质土、黏质土和有机质土，特殊土包括黄土、膨胀土、红黏土、盐渍土和冻土。

1203 填料根据颗粒大小的不同划分为不同的粒组，其划分的粒径界限是什么？

填料按颗粒大小范围分为巨粒组、粗粒组和细粒组。颗粒大于60 mm的属于巨粒组，其中颗粒在60～200 mm的为卵石，颗粒大于200 mm的为漂石；颗粒在0.075～60 mm的为粗粒组，其中颗粒在0.075～2 mm范围的为砂(0.075～0.25 mm的为细砂、0.25～0.5 mm的为中砂、0.5～2 mm的为粗砂)，颗粒在2～60 mm的为砾(2～5 mm的为细砾、5～20 mm的为中砾、20～60 mm的为粗砾)；颗粒小于0.075 mm的细粒组，其中颗粒在0.002～0.75 mm的为粉粒，颗粒小于0.002 mm的为黏粒。

1204 巨粒土如何分类和命名?

(1)巨粒组质量多于总质量75%的土称漂(卵)石。漂石粒组质量多于卵石粒组质量的土称漂石;漂石粒组质量少于或等于卵石粒组质量的土称卵石。

(2)巨粒组质量为总质量50%~75%(含75%)的土称漂(卵)石夹土。漂石粒组质量多于卵石粒组质量的土称漂石夹土;漂石粒组质量少于或等于卵石粒组质量的土称卵石夹土。

(3)巨粒组质量为总质量15%~50%(含50%)的土称漂(卵)石质土。漂石粒组质量多于卵石粒组质量的土称漂石质土;漂石粒组质量少于或等于卵石粒组质量的土称卵石质土。

(4)巨粒组质量少于或等于总质量15%的土,可扣除巨粒,按粗粒土或细粒土的相应规定分类定名。

1205 粗粒土如何分类和命名?

巨粒组土粒质量少于或等于总质量15%,且巨粒组土粒与粗粒组土粒质量之和多于总土质量50%的土称粗粒土。粗粒土中砾粒组质量多于砂粒组质量的土称砾类土。砾类土根据其中细粒含量和类别以及粗粒组级配进行分类。

(1)砾类土中细粒组质量少于或等于总质量5%的土称砾,按下列级配指标定名:

①当$C_u \geq 5$,且$C_c = 1 \sim 3$时,称级配良好砾。

②不同时满足上条条件时,称级配不良砾。

(2)砾类土中细粒组质量为总质量5%~15%(含15%)的土称含细粒土砾。

(3)砾类土中细粒组质量大于总质量15%,并小于或等于总质量50%的土称细粒土质砾,按细粒土在塑性图中的位置定名:

①当细粒土位于塑性图A线以下时,称粉土质砾。

②当细粒土位于塑性图A线或A线以上时,称黏土质砾。

粗粒土中砾粒组质量少于或等于砂粒组质量的土称砂类土。

砂类土根据其中细粒含量和类别以及粗粒组的级配进行分类。需要时，砂可进一步分为粗砂、中砂、细砂。粗砂指粒径大于0.5 mm颗粒多于总质量50%的砂，中砂指粒径大于0.25 mm颗粒多于总质量50%的砂，细砂指粒径大于0.075 mm颗粒多于总质量75%的砂。

(1)砂类土中细粒组质量少于或等于总质量5%的土称砂，按下列级配指标定名：

①当$C_u \geqslant 5$，且$C_c = 1 \sim 3$时，称级配良好砂。

②不同时满足上条条件时，称级配不良砂。

(2)砂类土中细粒组质量为总质量5%～15%(含15%)的土称含细粒土砂。

(3)砂类土中细粒组质量大于总质量15%，并小于或等于总质量50%的土称细粒土质砂，按细粒土在塑性图中的位置定名：

①当细粒土位于塑性图A线以下时，称粉土质砂。

②当细粒土位于塑性图A线或A线以上时，称黏土质砂。

1206　细粒土如何分类与命名？

土中细粒组土粒质量多于或等于总质量50%的土称细粒土。细粒土按塑性图分类。如图1-1所示。

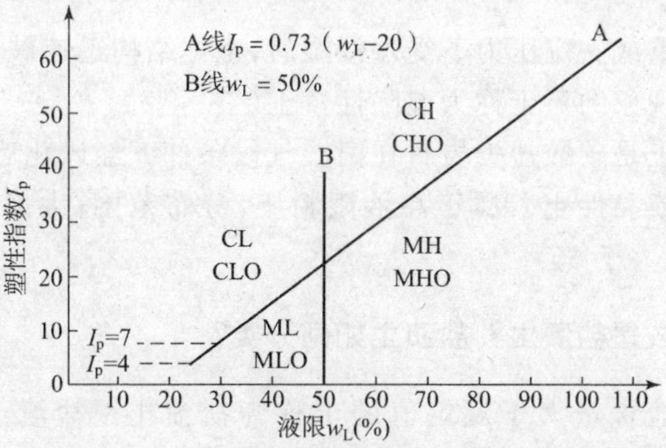

图1-1　塑性图

细粒土按下列规定划分：

(1)细粒土中粗粒组质量少于或等于总质量25%的土称粉质土或黏质土。

(2)细粒土中粗粒组质量为总质量25%～50%(含50%)的土称含粗粒的粉质土或含粗粒的黏质土。

(3)有机质含量多于或等于总质量的5%，且少于总质量的10%的土称有机质土。有机质含量多于或等于10%的土称为有机土。

细粒土按其在塑性图的位置确定土名称：

(1)当细粒土位于塑性图A线或A线以上时，在B线或B线以右称为高液限黏土，在B线以左称低液限黏土。

(2)当细粒土位于A线以下时，在B线或B线以右称为高液限粉土，在B线以左，$I_p=4$线以下，称低液限粉土。

(3)黏土、粉土过渡区的土可以按相邻土层的类别考虑细分。

1207 什么是黄土、湿陷性黄土、红黏土？

黄土指的是在干燥气候条件下形成的多孔性具有柱状节理的黄色粉性土，属于低液限黏土，分布范围：大部分在A线以上，液限小于40%。

在自重或一定压力下受水浸湿后，土体结构迅速破坏，并产生显著下沉现象的黄土称为湿陷性黄土。

红黏土是碳酸盐类岩石在温湿气候条件下经风化后形成的褐红色粉土或黏性土。属于高液限粉土，分布范围：大部分在A线以下，液限大于55%。

1208 什么是盐渍土？盐渍土如何分类？

易溶盐含量大于规定值的土称为盐渍土。盐渍土按表1-2分类。

表 1-2　盐渍土分类

名称 \ 平均总盐量 \ 土层 Cl^-/SO_4^{2-}	氯盐渍土 >2.0	亚氯盐渍土 1.0～2.0	亚硫酸盐渍土 0.3～1.0	硫酸盐渍土 <0.3
弱盐渍土	0.3～1.5	0.3～1.0	0.3～0.8	0.3～0.5
中盐渍土	1.5～5.0	1.0～4.0	0.8～2.0	0.5～1.5
强盐渍土	5.0～8.0	4.0～7.0	2.0～5.0	1.5～4.0
过盐渍土	>8.0	>7.0	>5.0	>4.0

1209　什么是冻土？冻土如何分类？

长时间或季节性处于冻结状态的温度低于 0 ℃且含冰的土称为冻土。冻土根据冻结状态持续时间的长短，分为多年冻土、隔年冻土和季节冻土三种，见表 1-3。

表 1-3　冻土按冻结状态持续时间分类

类型	持续时间 t(年)	地面温度特征(℃)	冻融特征
多年冻土	$t \geqslant 2$	年平均地面温度≤0	季节融化
隔年冻土	$2 > t \geqslant 1$	最低月平均地面温度≤0	季节冻结
季节冻土	$t < 1$	最低月平均地面温度≤0	季节冻结

1210　巨粒土、粗粒土可作为路基工程什么部位的填料？对粒径有什么限制？

巨粒土、粗粒土可用于公路工程路床及路基的填料，但应满足各个部位对粒径的限制。路床填料最大粒径应小于 100 mm，路堤填料最大粒径应小于 150 mm。但上、下路堤填料最大粒径150 mm的规定不适用于填石路堤和土石路堤。填石路堤填料粒径应不大于 500 mm，并不宜超过层厚的 2/3，不均匀系数宜为 15～20。路床底面以下 400 mm 范围内，填料粒径应小于 150 mm。土石路基填料中，中硬、硬质石料的最大粒径不得大于压实层厚的 2/3，石料为强风化石料或软质石料时，最大粒径不得大于压实层厚。

注:用粒径大于 40 mm 且含量超过总质量 70%的石料填筑的路堤称为填石路堤。石料含量占总质量 30%～70%的土石混合材料修筑的路堤称为土石路堤。

1211 填石路堤中,不同强度的石料如何分类?每类代表性岩石有哪些?

岩石根据单轴饱和抗压强度分为硬质岩石、中硬岩石、软质岩石。具体见表 1-4。

表 1-4 岩石分类表

岩石类型	单轴饱和抗压强度(MPa)	代表性岩石
硬质岩石	≥60	1. 花岗岩、闪长岩、玄武岩等岩浆岩类 2. 硅质、铁质胶结的砾岩及砂岩、石灰岩、白云岩等沉积岩类。 3. 片麻岩、石英岩、大理岩、板岩、片岩等变质岩类。
中硬岩石	30～60	
软质岩石	5～30	1. 凝灰岩等喷出岩类; 2. 泥砾岩、泥质砂岩、泥质页岩、泥岩等沉积岩类; 3. 云母片岩或千枚岩等变质岩类

1212 巨粒土、粗粒土填料使用中应注意哪些方面?

(1)性质不同的填料,应水平分层、分段填筑,分层压实。同一水平层路基的全宽应采用同一种填料,不得混合填筑。每种填料的填筑层压实后的连续厚度不宜小于 500 mm。填筑路床顶最后一层时,压实后的厚度应不小于 100 mm。

(2)对潮湿或冻融敏感性小的填料 应填筑在路基上层。强度较小的填料应填筑在下层。在有地下水的路段或临水路基范围内,宜填筑透水性好的填料。

(3)在透水性不好的压实层上填筑透水性较好的填料前,应在其表面设 2%～4%的双向横坡,并采取相应的防水措施。不得在由透水性较好的填料所填筑的路堤边坡上覆盖透水性不好的填料。

(4)路堤填筑时，应从最低处起分层填筑，逐层压实；当原地面纵坡大于12%或横坡陡于1∶5时，应按设计要求挖台阶，或设置坡度向内并大于4%、宽度大于2 m的台阶。

(5)填方分几个作业段施工时，接头部位如不能交替填筑，则先填路段，应按1∶1坡度分层留台阶；如能交替填筑，则应分层相互交替搭接，搭接长度不小于2 m。

(6)选择施工机械，应考虑工程特点、土石种类及数量、地形、填挖高度、运距、气候条件、工期等因素，经济合理地确定。填方压实应配备专用碾压机具。

(7)填石路床、路堤施工前，应先修筑试验路段，确定松铺厚度、压实机械型号及组合、压实速度及压实遍数、沉降差等参数。

(8)二级及二级以上公路的填石路堤应分层填筑压实。二级以下砂石路面公路在陡峻山坡地段施工特别困难时，可采用倾填的方式将石料填筑于路堤下部，但在路床底面以下不小于1.0 m范围内仍应分层填筑压实。

(9)中硬、硬质石料填筑路堤时，应进行边坡码砌，码砌边坡的石料强度、尺寸及码砌厚度应符合设计要求。边坡码砌与路基填筑宜基本同步进行。

1213 细粒土用作填料时应注意哪些问题?

(1)泥炭、淤泥、冻土、强膨胀土、有机质土及易溶盐超过允许含量的土等，不得直接用于填筑路基。粉质土不宜直接填筑于路床，冰冻地区的路床及浸水部分的路堤不应直接采用粉质土填筑。

(2)液限大于50%、塑性指数大于26、含水率不适宜直接压实的细粒土，不得直接作为路堤填料；需要使用时，必须采取技术措施进行处理，经检验满足设计要求后方可使用。

(3)浸水路堤应选用渗水性良好的材料填筑。当采用细砂、粉砂作填料时，应考虑振动液化的影响。

(4)高填方路堤填料宜优先采用强度高、水稳性好的材料，或采用轻质材料。受水淹、浸的部分，应采用水稳性和透水性均好的材料。

(5)桥涵台背和挡土墙墙背应优先选用渗水性良好的填料。在渗水材料缺乏的地区,采用细粒土填筑时,宜用石灰、水泥、粉煤灰等无机结合料进行处治。

(6)细粒土填筑时,土的含水率应接近最佳含水率,当含水率过高时,应采取晾晒或掺入石灰、水泥、粉煤灰等材料进行处治。

(7)半填半挖路基的填料应综合设计,当挖方区为土质时,应优先采用渗水性好的材料填筑,同时对挖方区路床 0.80 m 范围内土体进行超挖回填碾压,并在填挖交界处路床范围内铺设土工格栅;当挖方区为坚硬岩石时,宜采用填石路基。

(8)纵向填挖交界处应设置过渡段,土质地段过渡段宜采用级配较好的砾类土、砂类土、碎石填筑,岩石地段过渡段可采用填石路堤。

(9)路堤基底为红黏土时,应设置排水隔离垫层,厚度 0.3～0.5 m,采用渗水性良好的砂砾或碎石填筑,其顶面应设置反滤层。

(10)高速公路及一、二级公路路基填土高度小于路面与路床的总厚度时,基底为膨胀土时,宜挖除地表 0.30～0.60 m 的膨胀土,并将路床换填非膨胀土或掺灰处理。若为强膨胀土,挖除深度应达到大气影响深度。

(11)冻土路基填料设计应考虑冻结层上水的发育情况及填料的冻胀敏感性,有条件时应优先采用卵石土或碎石土作填料。严禁使用塑性指数大于 12、液限大于 32%的细粒土和富含腐殖质的土及冻土。保温护道填料,应就地取材,采用泥炭、草皮、塔头草或细粒土。

(12)滨海路堤填料应选择渗水性好的材料,有困难时,可采用细粒土,并应采取适当的防护和加固措施。

(13)水库地区路基应采用压缩变形小、水稳性好的渗水性材料作填料。当渗水性材料较为缺乏时,路堤受库水位浸泡的部位宜用渗水性材料填筑,库水位以上的部位可用细粒土填筑。对于用细粒土填筑的路堤,当渗透速度和渗透压力较大而可能发生冲蚀时,除放缓边坡外,宜在低水位一侧设置排水设施。

1214 **特殊土填料一般包括哪几种土？这些土不得用于什么部位的填料？**

特殊土填料一般包括红土、膨胀土、盐渍土等。红黏土、膨胀土、盐渍土一般不得作为二级及二级以上公路路床、零填及挖方路基 0～0.80 m 范围内的填料；不得作为三、四级公路上路床、零填及挖方路基 0～0.30 m 范围内的填料。

1215 **什么是膨胀土？根据膨胀能力分为那几个等级？**

膨胀土是含亲水性矿物并具有明显的吸水膨胀与失水收缩特性的高塑性黏土。它是一种以蒙脱石、伊利石或伊利石—蒙脱石为基本矿物成分的黏土。根据膨胀土的胀缩能力，把膨胀土分为三个等级：胀缩率大于 4%的称为强膨胀土或者严重膨胀土；胀缩率 2%～4%的称为中等膨胀土；胀缩率小于 2%的称为弱膨胀土。

1216 **红黏土作为填料时有哪些技术要求与规定？**

(1)红黏土作为路基填料时，其最小强度应满足标准规范的规定。当不能满足时，应进行处治。压缩系数大于 0.5 MPa^{-1} 的红黏土不得用于填筑路堤。

(2)未经改性处理的红黏土填筑路堤高度不宜大于 10 m。

(3)高液限土不能直接作为路堤填料。当利用挖方路段高液限土填筑路堤时，应进行处治。

(4)在确定路堤填筑的最佳含水率和最大干密度时，宜采用湿土法重型击实试验。

1217 **膨胀土用作路基填料时有哪些技术要求与规定？**

(1)强膨胀土不应作为路堤填料。

(2)高速公路及一、二级公路采用中等膨胀土作为路堤填料时应经改性处理后方可填筑。弱膨胀土作为路堤填料时，若胀缩总率不超过 0.7%，可直接填筑，并采取防水、保温、封闭、坡面防护等措施；否则，应按公路等级、气候、水文特点、填土层位等具体情况，结合实践经验进行处治。

(3)膨胀土改性处理的掺灰最佳配比，以其掺灰后胀缩总率不超过 0.7%为宜。

(4)若采用中等膨胀土作为路床填料，应经改性处理后方可填筑，改性后的胀缩总率不得超过 0.7%。胀缩总率不超过 0.7%的弱膨胀土可直接填筑。

(5)膨胀土填筑的路基，应及时碾压密实。在确定路堤填筑的最佳含水率和最大干密度时，宜采用湿土法重型击实试验。

1218 盐渍土用作填料时有哪些规定？

盐渍土填筑路堤的填料可用性，应视不同公路等级和路堤填筑部位以及当地气候特征、水文地质条件，按表 1-5 确定。当原有路基填料换填受到限制时，可在原填料中掺入加固剂处治。加固剂的类型、成分和掺入剂量可根据填料土质通过试验确定。

表 1-5 盐渍土用作路基填料的可用性

公路等级填土层位 土类	高速公路、一级公路			二级公路			三、四级公路	
	0～0.80 m	0.80 m～1.50 m	1.50 m 以下	0～0.80 m	0.80 m～1.50 m	1.50 m 以下	0～0.80 m	0.80 m～1.50 m
弱盐渍土	×	○	○	△	○	○	○	○
中盐渍土	×	×	○	△	○	○	△	○
强盐渍土	×	×	△	×	△	△	×	△
过盐渍土	×	×	×	×	×	△	×	△
弱盐渍土	×	△	○	△	○	○	△	○
中盐渍土	×	×	△	×	△	○	×	△
强盐渍土	×	×	×	×	×	△	×	△
过盐渍土	×	×	×	×	×	△	×	×

注：“○”——“可用”；“△”——部分可用；“×”——不可用。

1219　粉煤灰用作路基填料时有什么技术要求和规定？

（1）用于高速公路、一级公路路堤的粉煤灰烧失量宜小于20%，烧失量超过标准的粉煤灰应作对比试验，分析论证后采用。

（2）粉煤灰的粒径，宜在0.001～1.18 mm之间，小于0.075 mm的颗粒含量宜大于45%。粉煤灰中不得含团块、腐殖质及其他杂质。

（3）粉煤灰使用前必须选择有代表性的试样进行击实试验，确定最大干密度和最佳含水率。

（4）粉煤灰路堤上路床范围应采用土质填筑，也可与路面结构层相结合，采用石灰土、二灰土等路面底基层材料作封顶层。

（5）粉煤灰路堤底部应离开地下水位或地表长期积水位500 mm以上，否则应设置隔离层。隔离层厚度不宜小于300 mm，隔离层横坡不宜小于3%。

（6）包边土和顶面封层的填料，宜采用塑性指数不小于12的黏性土。隔离层和土质护坡中的盲沟所用砂砾料、矿渣料等，最大粒径应小于75 mm，4.75 mm以下细料含量小于50%，含泥量小于5%。

1220　粉煤灰用作路基填料时有什么注意事项？

（1）施工前应铺筑试验路段。

（2）储运粉煤灰应符合下列规定

1）调节粉煤灰含水率宜在储灰场或灰池中进行。

2）粉煤灰运输、装卸、堆放，应采取有效措施防止扬尘、流失与污染环境。

3）储灰场地应排水通畅，地面应硬化。大的储灰场宜设置雨水沉淀池。堆场应安装洒水设备，防止干灰飞扬。

4）颗粒组成、最大干密度和最佳含水率有显著差别的灰源应分别堆放，分段填筑。

（3）温度在0 ℃以上方可施工，并避开大风季节。粉煤灰路堤的压实应遵循先轻后重、先低后高的原则。

(4)按设计要求铺筑隔离层,隔离层界面的路拱横坡应与路堤同坡。

(5)粉煤灰路堤应采用水平分层填筑施工。当分成不同作业段填筑时,先填地段应分层预留台阶,每个压实层应相互重叠搭接,搭接长度宜大于 1.5 m,相邻作业段接头范围内的压实度应达到规定要求。

(6)土质包边土应与粉煤灰填筑同步进行。土质护坡铺筑宽度应保证削坡后的净宽满足设计要求,同时应按设计要求,做好土质护坡的排水盲沟,底层盲沟标高应避免地表水倒灌。

(7)粉煤灰摊铺后必须及时碾压,做到当天摊铺、当天碾压完毕。施工过程中,应及时洒水,防止干灰飞扬。暂时不能及时铺筑上层粉煤灰,除特殊情况外,禁止车辆通行,并洒水润湿,防止表面干燥松散。施工间隔较长时,应在路堤顶面覆盖适当厚度的封闭土层,并压实,横坡宜稍大于路拱。

(8)铺筑上层时,宜采取洒水润湿、控制卸料车行驶路线、速度、调头、急刹车等措施,防止压实层松散。当铺筑至粉煤灰路堤顶层时,宜及时按设计要求做封闭层。

第三节 路基结构与施工方法

1301 什么是路基、路床、路堤、路堑?

路基是按照路线位置和一定技术要求修筑的带状构造物,是路面的基础,承受由路面传来的行车荷载。

路床是路面结构层底面以下 0.80 m 范围内的路基部分,在结构上分为上路床(0~0.30 m)和下路床(0.30~0.80 m)。路堤是高于原地面的填方路基。路堤在结构上分为上路堤和下路堤,上路堤是指路面底面以下 0.80~1.50 m 范围内的填方部分;下路堤是指上路堤以下的填方部分。路堑是低于原地面的挖方路基。

1302　什么是填石路堤、土石路堤？

填石路堤是用粒径大于 40 mm 且含量超过总质量 70%的石料填筑的路堤。用石料含量占总质量 30%～70%的土石混合材料修筑的路堤称为土石路堤。

1303　什么是低路堤、高填方路堤？

填方高度小于 1 m 为低路堤。上石质填料边坡高度大于 20 m，砂、砾填料边坡高度大于12 m，水稻田或长年积水地带，细粒土填筑路堤高度大于 6 m 时为高填方路堤。

1304　一般路基干湿类型分为哪几类？如何确定？

路基的干湿类型表示路基在最不利季节的干湿状态，划分为干燥、中湿、潮湿和过湿四类。原有公路路基土的干湿类型，可以根据路基的分界相对含水率或分界稠度划分；新建公路路基的干湿类型可用路基临界高度来判别。高速公路应使路基处于干燥或中湿状态。

1305　土质路堤填筑的施工方法有哪些？

(1)水平分层填筑法：填筑时按照横断面全宽分成水平层次，逐层向上填筑，是路基填筑的常用方法。

(2)纵向分层填筑法：依路线纵坡方向分层，逐层向上填筑。常用于地面纵坡大于 12%的用推土机从路堑取料且填筑距离较短的路堤。缺点是不易碾压密实。

(3)横向填筑法：从路基一端或两端按横断面全高逐步推进填筑。不易压实，仅用于无法自下而上填筑的深谷、陡坡、断岩、泥沼等机械无法进场的路堤。

(4)联合填筑法：路堤下层用横向填筑而上层用水平分层填筑。适用于因地形限制或填筑堤身较高，不宜采用水平分层法或横向填筑法自始至终进行填筑的情况。多在地势平坦或两侧有可利用的山地土场的场合采用。

1306 填石路基的填筑方法有哪些?

(1)竖向填筑法(倾填法):主要用于二级及二级以下且铺设低级路面的公路在陡峻山坡施工特别困难或大量爆破以挖作填路段,以及无法自下而上分层填筑的陡坡、断岩、泥沼地区和水中作业的填石路堤。该方法施工路基压实、稳定问题较多。

(2)分层压实法(碾压法):自下而上水平分层,逐层填筑,逐层压实,是普遍采用并能保证填石路堤质量的方法。高速公路、一级公路和铺设高级路面的其他等级公路的填石路堤采用此方法。

(3)冲击压实法:利用冲击压实机的冲击碾周期性大振幅低频率地对路基填料进行冲击,以压密填方。它具有分层法连续性的优点,又具有强力夯实法压实厚度深的优点。缺点是在周围有建筑物时,使用受到限制。

(4)强力夯实法:该方法机械设备简单,击实效果显著,施工中不需铺撒细粒料,施工速度快,有效解决了大块石填筑地基厚层施工的夯实难题。对强夯施工后的表层松动层,采用振动碾压法进行压实。

1307 土质路堑的开挖方法有哪些?各适用于那种路堑开挖?

(1)横向挖掘法

土质路堑横向挖掘可采用人工作业,也可机械作业,具体方法有:

1)单层横向全宽挖掘法:从开挖路堑的一端或两端按断面全宽一次性挖到设计标高,逐渐向纵深挖掘,挖出的土方一般都是向两侧运送。该方法适用于挖掘浅且短的路堑。

2)多层横向全宽挖掘法:从开挖路堑的一端或两端按断面分层挖到设计标高。适用于挖掘深且短的路堑。

(2)纵向挖掘法

土质路堑纵向挖掘多采用机械作业,具体方法有:

1)分层纵挖法:沿路堑全宽,以深度不大的纵向分层进行挖掘。适用于较长的路堑开挖。

2)通道纵挖法:先沿路堑纵向挖掘一通道,然后将通道向两侧拓宽以扩大工作面,并利用该通道作为运土路线及场内排水的出路。该层通道拓宽至路堑边坡后,再挖下层通道,如此向纵深开挖至路基标高。该法适用于较长、较深、两端地面纵坡较小的路堑开挖。

3)分段纵挖法:沿路堑纵向选择一个或几个适宜处,将较薄一侧堑壁横向挖穿,使路堑分成两段或数段,各段再纵向开挖。该法适用于过长,弃土运距过远,一侧堑壁较薄的傍山路整开挖。

(3)混合式挖掘法

多层横向全宽挖掘法和通道纵挖法混合使用。先沿路线纵向挖通道,然后沿横向坡面挖掘,以增加开挖面。该法适用于路线纵向长度和挖深都很大的路堑开挖。

1308　石质路堑开挖方式有哪些?

(1)钻爆开挖是当前广泛采用的开挖施工方法。有薄层开挖、分层开挖(梯段开挖)、全断面一次开挖和特高梯段开挖等方式。

(2)直接应用机械开挖:该法适用于施工场地开阔、大方量的软岩石方工程。优点是没有钻爆工序作业,不需要风、水、电辅助设施,简化场地布置,加快施工进度,提高生产能力。缺点是不适于破碎坚硬岩石。

(3)静态破碎法:该法适用于在设备附近、高压线下以及开挖与浇筑过渡段等特定条件下的开挖。优点是安全可靠,没有爆破产生的公害。缺点是破碎效率低,开裂时间长。

1309　路基工程采用综合爆破施工时,常见的爆破类型有哪些?各有什么优缺点?

综合爆破一般包括小炮和洞室炮两大类。小炮主要包括钢钎炮、深孔爆破等钻孔爆破;洞室炮主要包括药壶炮和猫洞炮,随药包性质、断面形状和微地形的变化而不同。用药量 1 t 以上为大炮,1 t 以下为中小炮。

(1)钢钎炮通常指炮眼直径和深度分别小于 70 mm 和 5 m 的

爆破方法，适用于地形艰险及爆破量较小地段，常作为其他炮型的辅助爆破。由于钢钎炮炮眼浅，用药少，每次爆破的方量不大，并全靠人工清除，所以，不利于爆破能量的利用且工效较低。

(2)深孔爆破是孔径大于 75 mm、深度在 5 m 以上，采用延长药包的一种爆破方法。深孔爆破炮孔需用大型的潜孔凿岩机或穿孔机钻孔，一次爆落的方量多，施工进度快，爆破时比较安全，是大量石方快速施工的发展方向。

(3)药壶炮是指在深 2.5～3.0 m 以上的炮眼底部用小盘炸药经一次或多次烘膛，使眼底成葫芦形，将炸药集中装入药壶中进行爆破，是小炮中最省工、省药的一种方法。药壶炮主要用于露天爆破，药壶炮最好用于Ⅵ～Ⅳ级岩石，中心挖探 4～6 m，阶梯高度在 7 m 以下。

(4)猫洞炮是指炮洞直径为 0.2～0.5 m，洞穴成水平或略有倾斜，深度小于 5 m，将炸药装入炮洞中进行爆炸的一种方法。猫洞炮充分利用岩体本身的崩塌作用，能用较浅的炮眼爆破较高的岩体。由于炮眼直径较大，爆能利用率甚差，当药壶炮药壶不易形成时，采用猫洞炮可以获得好的爆破效果。

1310 石质路堑钻爆开挖施工中常采用哪几种爆破形式?

(1)光面爆破：在开挖限界的周边，适当排列一定间隔的炮孔，在有侧向临空面的情况下，用控制抵抗线和药量的方法进行爆破，使之形成一个光滑平整的边披。

(2)预裂爆破：在开挖限界处按适当间隔排列炮孔，在没有侧向临空面和最小抵抗线的情况下，用控制药量的方法，预先炸出一条裂缝，使拟爆体与山体分开，作为隔震减震带，起保护开挖限界以外山体或建筑物和减弱地震对其破坏的作用。

(3)微差爆破：两相邻药包或前后排药包以若干毫秒的时间间隔依次起爆，称为微差爆破，亦称毫秒爆破。

(4)定向爆破：利用爆能将大量土石方按照指定的方向，搬移到一定的位置并堆积成路堤的一种爆破施工方法。

第二章　路基施工准备

第一节　测　　量

2101　什么是控制测量？

控制测量是为工程建设测量而建立的平面控制测量和高程控制测量的总称。它是工程建设中各项测量工作的基础。在工程规划设计阶段，要建立地形测图控制网，用来控制整个测区，保证最大比例尺测图的需要；在施工阶段，要建立施工控制网，以控制工程的总体布置和各建筑物轴线之间的相对位置，满足施工放样的需要；在经营管理阶段，根据需要建立变形观测控制网，用来控制建筑物的变形观测，以鉴定工程质量，保证安全运营，分析变形规律和进行相应的科学研究。各阶段所要建立的控制网，共同的特点是精度要求高，点位密度大。由于网的作用不同，使得测图网、施工网和变形网又都有各自的布网方式和精度要求。

2102　各级公路的平面控制测量等级有什么要求？

各级公路的平面控制测量等级应符合表 2-1 的要求。

表 2-1　平面控制测量等级

公路等级	平面控制网等级
高速公路、一级公路	一级小三角、一级导线、四级 GPS 控制网
二级公路	二级小三角、二级导线
三级公路及以下公路	三级导线

2103　公路路基三角测量有什么技术要求？

公路路基三角测量技术要求见表 2-2。

表 2-2 三角测量技术要求

等级	平均边长(m)	测角中误差(″)	起始边边长相对中误差	最弱边边长相对中误差	三角形闭合差(″)	测回数	
						DJ2	DJ6
一级小三角	500	±5.0	1/40 000	1/20 000	±15.0	3	4
二级小三角	300	±10.0	1/20 000	1/10 000	±30.0	1	3

2104 公路路基导线测量有什么技术要求?

公路路基导线测量技术要求见表 2-3。

表 2-3 导线测量技术要求

等级	附合导线长度(km)	平均边长(m)	每边测距中误差(mm)	测角中误差(″)	导线全长相对闭合差	方位角闭合差(″)	测回数	
							DJ2	DJ6
一级	10	500	17	5.0	1/15000	$\pm10\sqrt{n}$	2	4
二级	6	300	30	8.0	1/10000	$\pm16\sqrt{n}$	1	3
三级	—	—	—	20.0	1/2000	$\pm30\sqrt{n}$	1	2

2105 公路路基四级 GPS 控制网的主要技术参数有哪些规定?

公路路基四级 GPS 控制网技术参数见表 2-4。

表 2-4 四级 GPS 控制网技术参数

级别	每对相邻点平均距离 d(m)	固定误差 a(mm)	比例误差系数 b(ppm)	最弱相邻点点位中误差 m(mm)
四级	500	≤10	≤20	50

注:每对相邻点间最小距离应不小于平均距离的 1/2,最大距离不宜大于平均距离的 2 倍。

2106 路基高程控制测量采用哪些方法?有什么要求?

公路高程测量应采用水准测量。在水准测量确有困难的地段,四、五等水准测量可以采用三角高程测量,采用三角高程测量时,起讫点应为高一个等级的控制点。

各级公路的水准测量等级应符合表 2-5 的规定。

表 2-5　水准测量等级

公路等级	水准测量等级	水准路线最大长度(km)
高速公路、一级公路	四等	16
二级及以下公路	五等	10

水准测量精度应符合表 2-6 的规定。

表 2-6　水准测量精度要求

等级	每公里高差中数中误差(mm)		往返较差、附合或环线闭合差(mm)		检测已测测段高差之差(mm)
	偶然中误差 $M_{\triangle}$	全中误差 M_W	平原微丘区	山岭重丘区	
三等	±3	±6	$\pm 12\sqrt{L}$	$\pm 3.5\sqrt{n}$ 或 $\pm 15\sqrt{L}$	$\pm 20\sqrt{L_i}$
四等	±5	±10	$\pm 20\sqrt{L}$	$\pm 6.0\sqrt{n}$ 或 $\pm 25\sqrt{L}$	$\pm 30\sqrt{L_i}$
五等	±8	±16	$\pm 30\sqrt{L}$	$\pm 45\sqrt{L}$	$\pm 40\sqrt{L_i}$

注：1. 计算往返较差时，L 为水准点间的路线长度(km)；

2. 计算附合或环线闭合差时，L 为附合或环线的路线长度(km)；

3. n 为测站数，L_i 为检测测段长度(km)。

2107　测量除需要全站仪、经纬仪、测距仪、水准仪等仪器设备外，一般需配备哪些辅助设备及工具？

(1)与全站仪或测距仪相配套的单棱镜、三棱镜、对中杆棱镜、三脚架、水准尺等。

(2)常用工具设备：可编程计算器、对讲机、12 磅锤、4 磅锤、羊角锤、可调式托盘、铝合金导梁、$\phi 3$ 钢丝绳、1 t 倒链、$\phi 20$ 以上钢钎、皮尺、测绳、花杆、遮阳(雨)伞；木桩、油漆、石灰、小线、钢钉、红蓝铅笔、排笔、绘图铅笔等。

2108　测量桩位交接应注意什么？

(1)测量桩位交接工作一般由建设单位组织，设计或勘测单位向施工单位测量工程师交桩。交桩要有桩位平面布置图。桩位交接后办理交接手续。

(2)交接桩数量应根据工程的大小确定。如果与另外施工段连接,应在连接处向界外多交至少一个坐标点和水准点。

(3)接桩时应察看点位是否松动或被移动,若已松动或被移动,应及时向勘测单位提出补桩的申请。

(4)施工单位应逐一记录现场点位,并做好桩位标记录,桩标不突出的应用钢尺拴桩,做好标记,便于寻找复测。

(5)接桩后应及时进行标桩保护,采取混凝土加固、砌保护井和钉设标志牌等措施,容易被车撞轧的控制点应钉设防护栏杆。

2109 如何做好桩位复测?

(1)接桩后依据设计图纸和交桩资料进行内业校核,检查成果表中的各项计算是否正确。

(2)桩位的坐标复测宜采用附合导线法进行,高程复测宜采用附合水准测法。

(3)复测中发现问题应及时与交桩单位联系解决。复测合格后及时向监理工程师或建设单位提交复测报告,以使复测成果得到确认后使用。

2110 施工控制网如何布设?

(1)在桩位交接工作结束后,按照要求的精度等级进行施工控制网的布设。鉴于公路线形的特点,平面控制网的布设宜采用沿线路方向的复合导线;高程控制宜采用附合水准线路或三角高程测量。

(2)外业观测应选在能见度高、无风的清晨或傍晚进行,以减小大气折光及气压、温度的变化对观测的影响。

(3)水准测量可采用一组往返或两组单程进行,往返测或两组单程测高差不符值在限差以内时采用平均值。

(4)水准点电磁波三角高程测量可与平面控制测量同时进行。当采用电磁波三角高程测量时应满足相应测量等级的技术要求,观测时采取相应的技术措施。

(5)内业计算必须使用监理工程师认可的表和公式。计算步骤应清晰、有条理,成果合格后必须报监理工程师确认。

(6)控制桩必须采取拴桩等有效保护措施。

2111　放样前应进行哪些准备工作?

(1)阅读设计图纸,校核各曲线要素,校算建筑物轮廓控制点数据和标注尺寸,记录审图结果。

(2)选定测量放样方法并计算放样数据或编写测量放样计算程序、绘制放样草图并由第三者独立校核。

(3)准备仪器和工具,使用的仪器必须在有效的检定周期内;检查仪器常规设置:如单位、坐标方式、补偿方式、棱镜类型、棱镜常数、温度、气压等是否正确。

(4)使用有内存的全站仪时,可以提前将控制点(包括拟用的测站点、检查点)和放样点的坐标数据输入仪器内存,并检查。

2112　如何做好现况调查及原地貌测量?

(1)在施工前,应先放出路基征地线(红线),并调查与记录征地线范围内需拆迁或改移的建(构)筑物、树木、文物古迹、各类地下管线等。若征地线范围不能满足施工需要,应及时以书面形式报告监理及建设单位。

(2)应放出设计图纸中箱涵、管涵等结构物的中心线位置,并调查其平面位置与高程是否与现况相符。若不相符,应及时向监理及建设单位提出,经其确认后再由设计单位进行变更设计。

(3)在现况调查结束后,应计算每一桩号中心坐标与对应的路基宽度,放出路基中线与边线。为保证填方段路基边坡的压实度,在每侧路基设计边线外加宽 500 mm 作为填筑边线。如遇到路基范围内有不适宜材料需挖除、换填,必须在开挖之前与换填之前测量其范围及深度,并经监理工程师确认。

(4)路基清表前,均应按纵向 50 m 测设一断面,横断方向 6～

10 点测量原地面高程。若地形复杂，可以按纵向 10～20 m 测设一断面，所有点位及高程数据应记录在册。在清表后，恢复所有点位并测量此时地面高程作为清表后的地面高程。

2113 中线放样应注意什么？

(1)路基开工前，应进行全段中线放样并固定路线主要控制桩，高速公路、一级公路宜采用坐标法进行测量放样。

(2)中线放样时，应注意路线中线与结构物中心、相邻施工段的中线闭合，发现问题应及时查明原因，进行处理。

(3)设计图纸和实际放样不符时，应查明原因后进行处理。

2114 路基放样应注意什么？

(1)路基施工前，应对原地面进行复测，核对或补充横断面，发现问题时，应进行处理。

(2)路基施工前，应设置标识桩，对路基用地界、路堤坡脚、路堑坡顶、取土坑、护坡道、弃土堆等的具体位置标识清楚。

(3)对深挖高填路段，每挖填 3～5 m 或者一个边坡平台(碎落台)应复测中线和横断面。

(4)高速公路和一级公路施工中，标高控制桩间距不宜大于 200 m。

(5)施工过程中，应保护好所有控制桩点，并及时恢复被破坏的桩点。

(6)坡道、弃土堆等的具体位置标识清楚。

(7)对深挖高填路段，每挖填 3～5 m 或者一个边坡平台(碎落台)应复测中线和横断面。

(8)施工过程中，应保护好所有控制桩点，并及时恢复被破坏的桩点。

(9)每项测量成果必须进行复核，原始记录应存档。

2115 为保证测量质量与测量的安全，在施工测量中应注意什么？

(1)在总工程师的领导下，制定该项目的施工测量方案，并对参与该项目施工的测量工作人员进行技术交底，明确该项目的施工测量任务。

(2)测量工程师负责该项目的具体施工测量，根据制定的施工测量方案进行施工，及时解决施工中出现的问题。

(3)对施工测量的仪器必须进行检校工作，对不合格的仪器必须严禁使用，并在施工过程中注意仪器的保养及定期的检查，发现问题及时向总工程师报告。

(4)做好对图纸的审查工作，严格复核图纸有关数据。熟悉图纸，弄清各结构物位置、尺寸，把握设计意图。

(5)参与施工测量人员必须熟练掌握所使用到的仪器的性能、使用方法。

(6)对施工测量的数据必须有两个或两个以上的技术人员相互计算并复核，复核无误后方可进行施工放样。

(7)测量人员施测时，应设专人指挥过往车辆、机械。交通繁忙的路口应设置明显标志，并由专人指挥交通。进入施工现场，必须配戴安全帽，穿塑胶底鞋，禁止穿凉鞋、拖鞋等，遵守施工现场的安全管理制度。在基坑的围护结构上、支撑上作业时，应系好安全绳。

(8)做好水上作业、高空作业、多层作业的施工测量安全防范工作。保证在施工测量过程中人员及仪器的安全。

(9)使用监测仪器设备，不得用望远镜瞄准太阳。如果现场有焊接操作，切勿直视焊接光源，避免被灼伤眼睛。在高压电缆区作业时，不得将仪器直接架设在强电磁场区，避免高压击伤，应及时和工程主持人汇报，由工程主持人协调解决。

第二节 试 验

2201 路基工程开工前,应做好哪些准备工作?

(1)建立现场试验室。

(2)应对路基基底土进行相关试验。

(3)对来源不同、性质不同的拟作为路堤填料的材料进行复查和取样试验。

(4)使用特殊材料作为填料时,应按相关标准作相应试验,必要时还应进行环境影响评估。

2202 路基工程现场试验室应开展哪些检测项目?

(1)土工试验:土的含水率试验、土的颗粒分析试验、土的界限含水率试验、土的击实试验、土的承载比(CBR)试验、细粒土无侧限抗压强度试验、土的有机质含量试验、土的烧失量试验、土的密度试验(环刀法)、土的密度试验(灌砂法)、土的回弹模量试验(承载板法)、土的比重试验(比重瓶法)、砾石含量与最大干密度关系曲线—振动台法、砾石含量与最大干密度关系曲线－表面振动压实仪法、粗粒土和巨粒土最大干密度试验。

(2)无机结合料试验:石灰或水泥稳定土中灰剂量的测定试验(EDTA 法)、无机结合料稳定土的击实试验、无机结合料稳定土的无侧抗压强度试验、无机结合料稳定土含水率试验、无机结合料稳定材料振动压实试验、石灰化学分析试验、石灰品质试验、粉煤灰品质试验(物理性能)、粉煤灰品质试验(比表面积)。

(3)现场试验:挖坑及钻芯法测定路面厚度试验、中线偏位测试、路基路面宽度测试、路基路面高程横坡度测试、环刀法测定压实度试验、挖坑灌砂法测定压实度试验、、平整度试验、路基路面回弹弯沉试验。

(4)配合比设计:级配碎(砾)石配合比设计、水泥稳定碎石配合比设计、石灰(水泥)稳定土配合比设计、二灰稳定(砂砾)碎石配合比设计。

2203 路基填料含水率试验时应注意什么?

(1)含水率试验的取样应在有代表部位取样,不应该在含水率有明显变化的材料表面、底层等部位取样。

(2)烘干法测定含水率所需试样质量应符合表 2-7 要求。

表 2-7 试样质量

材料分类	土质	试样质量(g)
细粒土	粉土、黏性土	15～30
	有机土	30～50
粗粒土	砂类土	30～50
	砾石土	500～1000
巨粒土	碎石土	1500～3000

(3)含石膏土和有机质土的含水率测试法

含石膏土和有机质土的烘干温度在 110 ℃时,对含石膏土会失去结晶水,对含有机质土其有机成分会燃烧,测试结果将与含水率定义不符。这种试样的干燥宜将烘箱温度控制在 60 ℃～70 ℃,干燥 12～15 h 以上为好。

(4)无机结合料稳定土的含水率测试法

水泥与水拌和就要发生水化作用,在较高温度下水化作用发生较快。因此,将水泥混合料放在原为室温的烘箱内,再启动烘箱升温,则在升温过程中水泥与水的水化作用发生较快,而烘干法又不能除去已与水泥发生水化作用的水,这样得出的含水率往往偏小,所以应提前将烘箱升温到 110 ℃,使放入的水泥混合料一开始就能在:105 ℃～110 ℃的环境下烘干。另外,烘干后冷却时应用硅胶作干燥剂。

2204 用环刀法检测现场压实土的密度时，为什么应在碾压层厚度的中间部位检测？

用环刀法测得的密度是环刀内土样所在深度范围内的平均密度。它不能代表整个碾压层的平均密度。由于碾压土层的密度一般是从上到下减小的，若环刀取在碾压层的上部，则得到的数值往往偏大，若环刀取的是碾压层的底部，则所得的数值将明显偏小，就检查路基土和路面结构层的压实度而言，我们需要的是整个碾压层的平均压实度，而不是碾压层中某一部分的压实度，因此，在用环刀法测定土的密度时，应使所得密度能代表整个碾压层的平均密度。然而，这在实际检测中是比较困难的；只有使环刀所取的土恰好是碾压层中间的土，环刀法所得的结果才可能与灌砂法的结果大致相同。

2205 灌砂法检测土的密度试验中应注意哪些细节？

(1)量砂要规则。量砂如果重复使用，一定要注意晾干，处理一致，否则影响量砂的松方密度。

(2)每换一次量砂，都必须测定松方密度，漏斗中砂的数量也应该每次重做。因此量砂宜事先准备较多数量。切勿到试验时临时找砂，又不做试验，仅使用以前的数据。

(3)地表面处理要平整，只要表面凸出一点，使整个表面高出一薄层，其体积也算到试坑中去了，会影响试验结果。因此一般宜采用放上基板先测定一次粗糙表面消耗的量砂，计算填坑的砂量，只有在非常光滑的情况下方可省去此操作步骤。

(4)在挖坑时试坑周壁应笔直，避免出现上大下小或上小下大的情形，这样就会使检测密度偏大或偏小。

(5)灌砂时检测厚度应为整个碾压层厚，不能只取上部或者取到下一个碾压层中。

2206 对于无黏聚性的土样，筛分试验前应做好哪些准备工作？

(1)将土样放在橡皮板上风干，用木碾将黏结的土团充分碾散拌匀，用四分法取代表性土样备用。

(2)将试样先过 2 mm 筛，分别称筛上和筛下的试样质量。当筛下的试样质量小于试样总质量的 10%时，不作细筛分析；筛上的试样质量小于试样总质量的 10%时，不作粗筛分析。如粒径小于 0.075 mm 试样质量大于试样总质量的 10%时，则应将这部分细颗粒用密度计法或移液管法测定其小于 0.075 mm 的颗粒组成。

2207 对于有黏聚性的土样，筛分试验前应做好哪些准备工作？

(1)将土样放在橡皮板上，用木碾将黏结的土团充分碾散，拌匀、烘干、称量，如土样过多时，用四分法取代表性土样。

(2)将试样置于盛有清水的瓷盆中，浸泡并搅拌，使粗细颗粒分散。将浸润后的混合液过 2 mm 筛，边冲边洗过筛，直至筛上仅留大于 2 mm 以上的土粒为止。然后将筛上洗净的砂砾风干称量，用于粗筛分析，剩余混合液用于细筛分析。

(3)将通过 2 mm 筛下的混合液存放在盆中，待稍沉淀，将上部悬液过 0.075 mm 细筛，用带橡皮头的玻璃棒研磨盆内浆液，再加清水、搅拌、研磨、静置、过筛，反复进行，直至盆内悬液澄清。最后，将全部土粒倒在 0.075 mm 筛上，用水冲洗，直到筛上仅留大于 0.075 mm 净砂为止。将大于 0.075 mm 的净砂烘干称量，进行细筛分析。

(4)将大于 2 mm 颗粒及 0.075～2 mm 的颗粒质量从原称量的总质量中减去，即为小于 0.075 mm 颗粒。

2208 击实试验的原理是什么？分为几种试验方法？选用的原则是什么？

击实试验是在室内模拟现场施工条件，在给定的击实功的条件下，利用标准化的击实仪器和规定的标准方法，求得干密度与含水率的关系，从而求出压实填土所能达到的最大干密度和相应的最优含水率。

击实试验由于击实功的不同，可分为重型和轻型击实；击实试验中按采集土样的含水率，分湿土法和干土法。

选择时应根据下列原则进行：根据工程的具体要求，按击实试验方法种类中规定选择轻型或重型试验方法，轻型击实适用于粒径不大于 20 mm 的土，重型击实适用于粒径不大于 40 mm 的土；根据土的性质选用干土法或湿土法，对于高含水率土宜选用湿土法；对于非高含水率土则选用干土法。

试样中超粒径颗粒质量占总质量的 5%～30%时，其测得的最大干密度和最优含水率应进行校正。当细粒土中的粗粒土总含量大于 40%或粒径大于 0.005 mm 颗粒的含量大于土总质量的 70%时，还应做粗粒土最大干密度试验，其结果与重型击实试验结果比较，最大干密度取两种试验结果的最大值。

2209 表面振动压实仪法测定土最大干密度试验适用于什么情况下使用？其原理是什么？

适用于最大颗粒粒径小于 60 mm、通过 0.075 mm 筛的颗粒质量不大于 15%的无黏聚性自由排水的粗粒土。其原理是：振动夯板在试样表面做垂直振动，压实被自上而下传播，颗粒菱角剪裁破碎后，颗粒位置重新排列，移动到相应于土工试验规格标准条件下的稳定位置，从而土体得到压实。通过测定在最佳压实时的密度，测得土体的最大干密度。

2210 路基工程现场实测项目有哪些？技术指标是什么？

路基工程现场实测项目和技术指标见表 2-8。

表 2-8　路基实测项目

项次	检查项目			规定值或允许偏差		
				高速公路一级公路	其他公路	
					二级公路	三、四级公路
1	压实度（%）	零填及挖方（m）	0～0.30	—	—	94
			0～0.80	≥96	≥95	—
		填方（m）	0～0.80	≥96	≥95	≥94
			0.80～1.50	≥94	≥94	≥93
			＞1.50	≥93	≥92	≥90
2	弯沉（0.01 mm）			不大于设计要求值		
3	纵断高程（mm）			＋10，－15		＋10，－20
4	中线偏位（mm）			50		100
5	宽度（mm）			不小于设计		
6	平整度（mm）			15		20
7	横坡（%）			±0.3		±0.5
8	边坡			不陡于设计值		

2211　**土质路堤填筑至设计标高并整修完成后，其施工质量应符合哪些规定？**

土质路堤施工质量标准见表 2-9。

表 2-9　土质路堤施工质量标准

序号	检查项目	允许偏差		
		高速公路一级公路	二级公路	三、四级公路
1	路基压实度	符合规定	符合规定	符合规定
2	弯沉	不大于设计值	不大于设计值	不大于设计值
3	纵断高程（mm）	＋10，－15	＋10，－20	＋10，－20
4	中线位移（mm）	50	100	100
5	宽度	不小于设计值	不小于设计值	不小于设计值

续上表

序号	检查项目	允许偏差		
		高速公路一级公路	二级公路	三、四级公路
6	平整度(mm)	15	20	20
7	横坡(%)	±0.3	±0.5	±0.5
8	边坡坡度	不陡于设计坡度	不陡于设计坡度	不陡于设计坡度

第三节　施工机械

2301　什么是推土机？分为哪几种？主要作用是什么？适用于什么条件下使用？

推土机是一种工程车辆，前方装有大型的金属推土刀，使用时放下推土刀，向前铲削并推送泥、砂及石块等，推土刀位置和角度可以调整。推土机的生产能力主要根据发动机功率确定，用于公路施工的推土机分为中型(59～103 kW)、大型(118～235 kW)和特大型(大于235 kW)三种。

推土机能单独完成挖土、运土和卸土工作，具有操作灵活、转动方便、所需工作面小、行驶速度快等特点。在公路工程中，推土机主要对土石方或散状物料进行切削或短距离搬运。

推土机一般适用于季节性较强、工程量集中、施工条件较差的施工环境，主要用于50～100 m短距离作业，如路基修筑、基坑开挖、平整场地、清除树木；推集石碴等，并可为铲运机与挖装机械松土和助铲及牵引各种拖式工作装置等作业。

2302　什么是铲运机？分为哪几种？主要作用是什么？适用于什么条件下使用？

铲运机是以带铲刀的铲斗为工作部件的铲土移动运输机械，其铲斗在前后行驶装置之间，其工作方式为循环作业式，由铲土、运土和回驶三部分组成。主要根据铲斗容积确定其生产能力，一般按铲斗容积分为小型(小于 5 m^3)、中型(5～15 m^3)、大型(15～30 m^3)和特大型(大于 30 m^3)四种。铲斗容积为小型和中型的合理运距为 100～350 m,大型和特大型的合理运距为 800～1 500 m。

铲运机广泛用于公路与铁路建设,主要用于中距离的大规模土方转运工程。铲运机应在Ⅰ、Ⅱ级土中施工,如遇Ⅲ、Ⅳ级土应预先疏松。在土的湿度方面,最适宜在湿度较小(含水率在 25%以下)的松散砂土和黏土中施工,但不适宜于在干燥的粉砂土和潮湿的黏土中作业,更不宜在地下水位高的潮湿地区和沼泽地带以及岩石类地区作业。

2303　什么是装载机？分为哪几种？主要作用是什么？适用于什么条件下使用？

装载机是以带铲斗为工作部件的装载移动机械,它主要用来铲、装、卸、运散装物料,也可对岩石、硬土进行轻度铲掘作业,短距离转运工作,在较长距离的物料转运工作中,它往往与运输车辆配合,以提高工作效率。

装载机生产能力主要根据其发动机功率确定,一般按小于 74 kW;74～147 kW;147～515 kW 和大于 515 kW 分为四种生产能力,也可按铲斗容量确定生产能力。

在公路、特别是高等级公路施工中,装载机主要用于工程的填挖,沥青和水泥混凝土料场的集料、装料等作业。

2304　什么是挖掘机？分为哪几种？主要作用是什么？适用于什么条件下使用？

挖掘机主要用于土石方的挖掘装载,包括单斗挖掘机和多斗(轮斗式)挖掘机。单斗挖掘机又可再细分成正铲挖掘机、反铲挖掘机、抓铲(抓斗)挖掘机和捞铲(拉斗)挖掘机四种,各种挖掘机械都安装有挖斗。

挖掘机械的生产能力主要按斗容量确定,斗容有 0.1～

2.5 m^3多种型号。筑路一般使用单斗挖掘机，单斗挖掘机又分为建筑型、剥离型和隧道型。建筑型单斗挖掘机多数斗容量一般在2 m^3以下，也有斗容为2～6 m^3。

单斗挖掘机适应于挖掘Ⅰ～Ⅳ级土及爆破后的Ⅴ～Ⅵ级岩石；剥离型单斗挖掘机有履带式和步行式，履带式为正铲工作装置，可开挖Ⅰ～Ⅳ级土壤；步行式工作装置为拉铲，适宜于在松软、沼泽地面工作。在公路工程施工中，遇到开挖量较大的路堑和填筑高路堤等大工程量时，选用挖掘机配合运输车辆组织施工比较合理。

2305 什么是平地机？分为哪几种？主要作用是什么？适用于什么条件下使用？

平地机是一种铲土、运土、卸土同时进行的连续作业机械。

平地机的生产能力按刮刀长度和发动机功率确定，分别为轻型：刮刀长度小于3 m，发动机功率为44～66 kW；中型：刮刀长度为3～3.7 m，发动机功率为66～110 kW；重型：刮刀长度为3.7～4.2 m，发动机功率为110～220 kW。

平地机主要用于路基、砂砾、路面的切削、刮送和整平，及土方工程中场地整形和平地作业，还可用于从两侧取土填筑不高于1 m的路堤、修整路基的横断面，修刮路堤和路堑的边坡、开挖边沟和路槽等。此外，还可用来在路基上拌和稳定上或其他路面材料、摊铺材料，修整和养护土路、松土、回填、清除杂草和积雪等。

2306 压实机械分为哪几种？

按压实作用原理分为静作用碾压机械、振动碾压机械和夯实机械三种类型。

(1)静作用碾压机械包括各种型号的光轮压路机、轮胎压路机(简称轮胎碾)、羊脚压路机(简称羊脚碾)、凸块压路机(简称凸块碾)及各种拖式压滚等。

压实机械按工作质量和振动冲击质量来确定压路机的生产能

力。按工作质量分为轻型、中型、重型和超重型。

(2)振动式碾压机械(简称振动碾)包括各种拖式和自行振动式。

1)单钢轮振动压路机工作质量多为10～25 t或30～50 t级，随着高速公路的发展,大吨位的振动压路机被广泛使用。

2)双钢轮振动压路机工作质量主要有轻型(2～4 t),中型(5～8 t)和重型(10～14 t)三类。

(3)夯实机械:主要用于夯实土壤,夯实机械又分为冲击夯实和振动夯实两类。

2307　不同的压实机械各适用于什么情况下使用?

(1)光轮振动压路机最适用于压实非黏土壤、碎石、沥青混凝土及沥青混凝土铺层,详见表2-10。

(2)羊脚或凸块式振动压路机既可压实非黏土,又可压实含水率不大的黏性和细粒砂砾石混合料,详见表2-10。

表2-10　压实机械的应用范围

质量和形式	块石	砂砾石		粉土、粉质土、冰碛土		黏土	
		优良级配	均匀粒级	粉质砂粉质砾石冰碛土	粉土砂质粉土	低、中强黏粉土	高强度黏土
3 t以下光轮		△	△	△	△		
3～5 t光轮		●	●	△	△	△	
5～10 t光轮	△	●	●	●	△	△	△
10～15 t光轮	●	●	●	●	△	△	△
振动凸块式			△	△	●	●	●
振动羊足式			△	△	△	●	●

注:●适用;△可用。

(3)YZ(单钢轮)系列振动压路机主要用于各种材料的基础层、次基础层及填方的压实作业。

(4)YZC(双钢轮)系列振动压路机主要用于高等级公路、机场、停车场及工业性场院等工程施工中的沥青混凝土、水泥混凝土等面层的压实,也适用于大型基础、次基础及路堤填方的压实。

(5)XP(轮胎)系列压路机主要适用于各种材料的基础层、次基础层、填方及沥青面层的压实作业。

(6)3Y、2Y(静碾)钢轮系列压路机主要适用于各种材料的基础层及面层的压实作业。

2308 稳定土厂拌设备分为哪几种?适用于什么情况下使用?

稳定土厂拌设备分为移动式、固定式等结构形式。其生产的能力分为小型(200 t/h 以下)、中型(200～400 t/h)、大型(400～600 t/h)和特大型(600 t/h 以上)四种。广泛用于公路和城市道路的基层、底基层施工。移动式厂拌设备多用于工程分散、频繁移动的公路施工工程;固定式厂拌设备适用于城市道路施工或工程量大且集中的施工工程。

2309 什么是稳定土拌和机?主要用于那种施工方式?

稳定土拌和机是在路基上将稳定土材料和稳定剂均匀拌和的机械设备。其生产能力由拌和宽度、深度和工作行进速度决定,一般的拌和宽度为 210 mm,拌和深度为 100～485 mm,工作速度小于 1.5 km/h。主要适用于路拌法施工。

2310 选择施工机械的原则是什么?

(1)施工机械选择的一般原则:

1)适应性:适应性是指施工机械要适应工程的施工条件和作业内容。如工地的气候、地形、土质、场地大小、运输距离、工程规模等。

2)先进性:新型的施工机械具有高效低耗、性能稳定、安全可靠、质量好等优点,更能保质保量地完成公路施工任务。

3)通用性和专用性:选用施工机械时要全面考虑通用性和专

用性。尽可能用一种机械代替一系列机械，减少作业环境，扩大机械使用范围，提高机械利用率，方便管理和维修。

(2)使用机械应有较好的经济性：机械产品的性能价格比，作为用户是首先考虑的具体问题之一，机械类型选定后，必须细致调研具体产品运转可靠性、维修方便程度和售后服务质量。

(3)合理的机械组合：包括机械技术性能的合理组合和机械类型及其台数的合理组合。机群的合理规模由工程量、工期要求和机群的作业能力等方面的因素决定。机械组合要注意牵引车与配置机具的组合，主要机械和配套机械的组合。在组合机械时，力求选用统一的机型，以便维修和管理，从而提高公路施工的水平。

(4)利用与更新：现有机械的利用与更新，在选用施工机械时，应根据工地的实际情况，既要充分利用现有机械，又要注意机械的更新换代，加强技术改造，以求达到技术上合理，经济上有利，不断提高机械的利用率。

(5)安全而不破坏环境：选择的机械在施工作业过程中必须保证工程施工质量要求，保证作业质量，同时，不应破坏环境和对环境产生明显的不利影响。

2311　根据作业内容的不同？如何选择施工机械？

(1)对于清基和料场准备等路基施工前的准备工作，选择的机械与设备主要有：推土机、挖掘机、装载机和平地机等，遇有沼泽地段的土方挖运任务，应选用湿地推土机；

(2)对于土方开挖工程，选择的机械与设备主要有：推土机、铲运机、挖掘机，装载机和自卸汽车等；

(3)对于石方开挖工程，选择的机械与设备主要有：挖掘机、推土机、移动式空气压缩机、凿岩机，爆破设备等；

(4)对于土石填筑工程，选择的机械与设备主要有：推土机、铲运机、羊足碾、压路机、洒水车、平地机和自卸汽车等；

(5)对于路基整型工程，选择的机械与设备主要有：平地机、推土机和挖掘机等。

第四节 试验路段

2401 试验路段施工的主要目的是什么？

试验路段施工的主要目的是通过试验和检测，确定土方工程施工的经济性、合理性、可行性，且达到标准化工艺流程，实用性工艺参数，为达到规定的压实度所需要压实设备的类型及其组合工序，各类压实设备在最佳组合下的各自压实遍数以及能被有效压实的松铺厚度等，以便指导今后土方施工提供可行性依据。同时检验施工机械性能、施工技术水平及质量保证体系运转情况，指导后续施工，防止批量生产中产生质量问题。

2402 什么情况下应进行试验路段施工？

(1)二级及二级以上公路路堤。

(2)填石路堤、土石路堤。

(3)特殊地段路堤。

(4)特殊填料路堤。

(5)拟采用新技术、新工艺、新材料的路基。

2403 路堤试验路段施工应包括哪些主要内容？

(1)填料的选择方案以及填料的试验、检测报告等；

(2)压实工艺主要参数：机械组合；压实机械规格、松铺厚度、碾压遍数、碾压速度；最佳含水率及碾压时含水率允许偏差等；

(3)过程质量控制方法、指标；

(4)质量评价指标、标准；

(5)优化后的施工组织方案及工艺。

2404 路堤试验路段施工方案的编制依据主要有什么？

(1)施工合同文件；

(2)相关地质资料、勘察设计文件及施工设计图；

(3)有关的国家法律法规和地方行政法规；

(4)国家和交通部现行有关标准、规范、导则、规程、办法等；

(5)现场踏勘的实际情况；

(6)施工组织设计；

(7)以往类似工程施工经验。

2405 路堤试验路段位置的选择有什么规定?

(1)试验路段应选择在地质条件、断面型式等工程特点具有代表性的地段；

(2)路段长度不宜小于 100 m。

2406 试验段施工前要进行哪些准备工作?

(1)在工程所在地要详细调查了解公路沿线(包括路基基底)及土源等作业范围内的土质的液限、塑限、塑性指数及含水率情况,制作标准击实试验和土的强度试验(CBR 值),制定施工方法。根据水文地质情况,进行分类、整理,结合以往的施工经验制定出路基各种不同类型土质、含水率的切实有效的施工方法及路基基底处理方案,防止在施工中出现盲目性,避免走弯路,以保证工程质量和进度。

(2)详细调查工程实际工程量,根据工期要求及工程量划分作业段,编排施工进度计划,确定工程日进度计划。并且日进度计划要考虑雨天或其他不利因素的影响。根据日进度计划,组织人力、机械、材料,制定有力措施,实现日进度计划的落实。

(3)论证施工工序、作业方案,对第一道工序至最后一道工序的作业方案全过程进行论证,排队检查有无人力、机械闲置浪费的环节,前后工序是否矛盾,如何解决,使工程施工尽可能地达到最优化。

(4)技术交底。在工程施工开始前要把施工部署、整体安排、施工规范、设计要求、合同要求、作业流程和规程、施工要点向施工管理人员、机械操作人员进行全面交底，使全体人员全面了解工程施工的要求和施工重点。也便于施工方案和工期计划的落实。

2407 为什么要在试验段施工中就重视质量保证体系的健全？

良好的质量保证体系是施工正常进行的保证，缺乏质量保证体系就容易造成工程质量低下、返工，给工程带来隐患，从而就影响施工进度、企业的信誉和经济效益。因返工造成的工期延误和经济损失这方面的教训也是很沉重的，因此，建立健全质量保证体系，不仅是企业眼前利益的保证，而且是企业走向现代化企业的重要保证。质量保证体系的建立不能只停留在纸上，而要在实际施工中一步步去落实，让它真正发挥作用，要建立层层负责、责任到人、奖罚兑现的制度，充分调动人员积极性，实行全员质量管理，保证工程质量。

2408 为什么必须根据每层施工的土质具体情况确定土的最大干密度？

压实度是路基工程的最重要质量指标之一，因为只有保证路基具有足够的稳定性和耐久性，它才能承受行车的反复荷载作用和抵御各种自然因素的影响。而土质最大干密度直接影响压实度大小，对同一土质来说它的数值大小直接影响工程质量的高低，但由于公路工程沿线各类土质分布情况较为复杂，在作业范围内各类土质分层状况及厚度也不完全一致，各类土质的最大干密度差别也较大，再加上施工作业的千变万化，使土质变得混杂，最大干密度的确定难度较大，这就需要我们不仅根据土质分布路段及土质类别进行确定，更需要根据每一回填层的具体情况进行确定，当然土质变化不大、最大干密度变化就小，对工程质量影响就小，最大干密度就容易确定。因此，最大干密度确定既不要盲目套用高标准，使得施工难以进行，造成浪费；也不要降低标准，使得工程质量低下，要根据施工现场土质情况进行确定。

第三章　一般路基施工

第一节　填方路堤施工

3101　哪几类土是较好的路基填料？为什么？

（1）石质土由粒径大于 2 mm 的碎（砾）石，其含量由 25%～50%及大于 50%两部分组成。如碎（砾）石土，空隙度大，透水性强，压缩性低，内摩擦角大，强度高，属于较好的路基填料。

（2）砂土没有塑性，但透水性好，毛细水上升高度很小，具有较大的摩擦系数。砂土路基强度高，水稳定性好。

（3）砂性土是良好的路基填料，既有足够的内摩擦力，又有一定的黏聚力。一般遇水干得快、不膨胀，易被压实，易构成平整坚实的表面。

3102　哪几类土不宜直接用作路基填料？

（1）粉质土不宜直接填筑于路床，必须掺入较好的土体后才能用作路基填料，且在高等级公路中，只能用于路堤下层。

（2）轻、重黏土不是理想的路基填料，液限大于 50%、塑性指数大于 26、含水率不适宜直接压实的细粒土，不得直接作为路基填料，需要使用时，必须采取技术措施进行处理，经检查满足设计要求后方可使用。

（3）黄土、盐渍土、膨胀土等特殊土体不得已必须用作路基填料时，应严格按其特殊的施工要求进行施工。泥炭、淤泥、冻土、有机质土、强膨胀土、含草皮土、生活垃圾、树根和含有腐殖物质的土不得用作路基填料。

（4）满足要求（最小强度 CBR、最大粒径、有害物质含量等）或经过处理之后满足要求的煤渣、高炉矿渣、钢渣、电石渣等工业废渣可以用作路基填料，但在使用过程中应注意避免造成环境污染。

3103 路基施工取土有哪些规定?

(1)路基填方取土,应根据设计要求,结合路基排水和当地土地规划、环境保护要求进行,不得任意挖取。

(2)施工取土应不占或少占良田,尽量利用荒坡、荒地,取土深度应结合地下水等因素考虑,利于复耕。原地面耕植土应先集中存放,以利再用。

(3)自行选定取土方案时,应符合下列技术要求:

1)地面横向坡度陡于1∶10时,取土坑应设在路堤上侧。

2)桥头两侧不宜设置取土坑。

3)取土坑与路基之间的距离,应满足路基边坡稳定的要求。取土坑与路基坡脚之间的护坡道应平整密实,表面设1%～2%向外倾斜的横坡。

4)取土坑兼作排水沟时,其底面宜高出附近水域的常水位或与永久排水系统及桥涵出水口的标高相适应,纵坡不宜小于0.2%,平坦地段不宜小于0.1%。

5)线外取土坑等与排水沟、鱼塘、水库等蓄水(排洪)设施连接时,应采取防冲刷、防污染的措施。

(4)对取土造成的裸露面,应采取整治或防护措施。

3104 路基工程填筑前对基底的处理要求有哪些?

(1)路基用地范围内的树木、灌木丛等均应在施工前砍伐或移植清理,砍伐的树木应移置于路基用地之外,进行妥善处理。路堤修筑范围内,原地面的坑、洞、墓穴等,应在消除沉积物后,用合格填料分层回填分层压实,压实度应满足第五条要求。

(2)泉眼或露头地下水,应按设计要求,采取有效导排措施后方可填筑路堤。

(3)原地基为耕地或松土时,应先清除有机土、种植土、草皮等,清除深度应达到设计要求,一般不小于15 cm,平整后按规定要求压实。

(4)基底原状土的强度不符合要求时,应进行换填,换填深度应不小于 30 cm,并予以分层压实到规定要求。陡坡地段、土石混合地基、填挖界面、高填方地基等都应按设计要求进行处理。

(5)基底应在填筑前进行压实。高速公路、一级公路、二级公路路堤基底的压实度应不小于 90%,当路堤填土高度小于路床厚度(0.8 m)时,基底的压实度不宜小于路床的压实度标准。

(6)路堤填筑时,当原地面纵坡大于 12%或横坡陡于 1∶5 时,应按设计要求挖台阶,或设置成坡度向内并大于 4%、宽度大于 2 m 的台阶。

(7)在非岩石地基上,填筑填石路堤前,应按设计要求设过渡层。

3105 路堤填筑有什么具体规定?

(1)性质不同的填料,应水平分层、分段填筑,分层压实。同一水平层路基的全宽应采用同一种填料,不得混合填筑。每种填料的填筑层压实后的连续厚度不宜小于 500 mm。填筑路床顶最后一层时,压实后的厚度应不小于 100 mm。

(2)对潮湿或冻融敏感性小的填料应填筑在路基上层。强度较小的填料应填筑在下层。在有地下水的路段或临水路基范围内,宜填筑透水性好的填料。

(3)在透水性不好的压实层上填筑透水性较好的填料前,应在其表面设 2%~4%的双向横坡,并采取相应的防水措施。不得在由透水性较好的填料所填筑的路堤边坡上覆盖透水性不好的填料。

(4)每种填料的松铺厚度应通过试验确定。

(5)路堤填土宽度每侧应宽于填层设计宽度,每一填筑层压实后的宽度不得小于设计宽度,最后削坡。

(6)路堤填筑时,应从最低处起分层填筑,逐层压实,当原地面纵坡大于 12%或横坡陡于 1∶5 时,应按设计要求挖台阶,或设置坡度向内并大于 4%、宽度大于 2 m 的台阶。

(7)填方分几个作业段施工时,接头部位如不能交替填筑,则先填路段,应按 1∶1 坡度分层留台阶;如能交替填筑,则应分层相互交替搭接，搭接长度不小于 2 m。

3106 土质路堤应如何压实？

(1)压实机械对土进行碾压时，一般以慢速效果最好。除羊足碾或凸块式碾可以稍快外，压实速度以 2～4 km/h 最为适宜。各种压实机械的作业速度，应在填方前做试验段碾压，找出最佳效果的碾压速度，正式施工时参照执行。

(2)碾压一段终了时，宜采取纵向退行方式继续第二遍碾压，不宜采用掉头方式，以免因机械调头时搓挤土，使压实的土被翻松。

(3)在整个全宽的填土上压实，宜纵向分行进行，直线段由两边向中间，曲线段宜由曲线的内侧向外侧。两行之间的接头一般应重叠 1/4～1/3 轮迹，对于三轮压路机则应重叠后轮的 1/2。

(4)纵向分段压好以后，进行第二段压实时，其在纵向接头处的碾压范围，宜重叠 1～2 m，以确保接头处平顺过渡。

3107 土质路堤的压实度达到多少为合格？

土质路基压实度应符合表 3-1 的规定

表 3-1 土质路基压实度标准

填挖类型		路床顶面以下深度(m)	压实度(%)		
			高速公路一级公路	二级公路	三、四级公路
路堤	上路床	0～0.30	≥96	≥95	≥94
路堤	下路床	0.30～0.80	≥96	≥95	≥94
路堤	上路堤	0.80～1.50	≥94	≥94	≥93
路堤	下路堤	>1.50	≥93	≥92	≥90
零填及挖方路基		0～0.30	≥96	≥95	≥94
零填及挖方路基		0.30～0.80	≥96	≥95	—

注：1. 表列压实度以《公路土工试验规程》(JTJ 051)重型击实试验法为准；
2. 三、四级公路铺筑水泥混凝土路面或沥青混凝土路面时，其压实度应采用二级公路的规定值；
3. 路堤采用特殊填料或处于特殊气候地区时，压实度标准根据试验路在保证路基强度要求的前提下可适当降低；
4. 特别干旱地区的压实度标准可降低 2%～3%。

3108　填石路基的填料有哪些规定？

(1)膨胀岩石、易溶性岩石不宜直接用于路堤填筑，强风化石料、崩解性岩石和盐化岩石不得直接用于路堤填筑。

(2)路堤填料粒径应不大于 500 mm，并不宜超过层厚的 2/3，不均匀系数宜为 15～20。路床底面以下 400 mm 范围内，填料粒径应小于 150 mm。

(3)路床填料粒径应小于 100 mm。

3109　填石路基的填筑施工有什么规定？

(1)路堤施工前，应先修筑试验路段，确定满足规范要求孔隙率标准的松铺厚度、压实机械型号及组合、压实速度及压实遍数、沉降差等参数。

(2)路床施工前，应先修筑试验路段，确定能达到最大压实干密度的松铺厚度、压实机械型号及组合、压实速度及压实遍数、沉降差等参数。

(3)二级及二级以上公路的填石路堤应分层填筑压实。二级以下砂石路面公路在陡峻山坡地段施工特别困难时，可采用倾填的方式将石料填筑于路堤下部，但在路床底面以下不小于 1.0 m 范围内仍应分层填筑压实。

(4)岩性相差较大的填料应分层或分段填筑。严禁将软质石料与硬质石料混合使用。

(5)中硬、硬质石料填筑路堤时，应进行边坡码砌，码砌边坡的石料强度、尺寸及码砌厚度应符合设计要求。边坡码砌与路基填筑宜基本同步进行。

(6)压实机械宜选用自重不小于 18 t 的振动压路机。

(7)在填石路堤顶面与细粒土填土层之间应按设计要求设过渡层。

3110 填石路堤的压实质量标准是什么？

填石路堤压实质量标准见表3-2。

表3-2 填石路堤压实质量标准

分区	路面底面以下深度(m)	硬质石料孔隙率(%)	中硬石料孔隙率(%)	软质石料孔隙率(%)
上路堤	0.8～1.50	≤23	≤22	≤20
下路堤	＞1.50	≤25	≤24	≤22

3111 土石路堤的填筑有哪些规定？

(1)压实机械宜选用自重不小于18 t的振动压路机。

(2)施工前，应根据土石混合材料的类别分别进行试验路段施工，确定能达到最大压实干密度的松铺厚度、压实机械型号及组合、压实速度及压实遍数、沉降差等参数。

(3)土石路堤不得倾填，应分层填筑压实。

(4)碾压前应使大粒径石料均匀分散在填料中，石料间孔隙应填充小粒径石料、土和石渣。

(5)压实后透水性差异大的土石混合材料，应分层或分段填筑，不宜纵向分幅填筑，如确需纵向分幅填筑，应将压实后渗水良好的土石混合材料填筑于路堤两侧。

(6)土石混合材料来自不同料场，其岩性或土石比例相差较大时，宜分层或分段填筑。

(7)填料由土石混合材料变化为其他填料时，土石混合材料最后一层的压实厚度应小于300 mm，该层填料最大粒径宜小于150 mm，压实后，该层表面应无孔洞。

(8)中硬、硬质石料的土石路堤，应进行边坡码砌，码砌边坡的石料强度、尺寸及码砌厚度应符合设计要求。边坡码砌与路堤填筑宜基本同步进行。软质石料土石路堤的边坡按土质路堤边坡处理。

3112　路基填筑施工的三阶段、四区段、八流程各指什么?

(1)“三阶段”为:准备阶段,施工阶段,整修阶段;

(2)“四区段”为:填筑区,平整区,碾压区,检验区;

(3)“八流程”为:施工准备,基底处理,分层填筑,摊铺平整,晾晒,碾压夯实,报查、检测签证,路基整修。

3113　填石路堤的四级施工台阶是如何划分的?

四级施工台阶是:在路基面以下 0.5 m 为第 1 级台阶,0.5～1.5 m 为第 2 级台阶,0.5～3.0 m 为第 3 级台阶,3.0 m 以下为第 4 级台阶。

3114　雨期填筑路堤应注意什么?

(1)雨期路堤施工地段除施工车辆外,应严格控制其他车辆在施工场地通行。

(2)在填筑路堤前,应在填方坡脚以外挖掘排水沟,保持场地不积水,如原地面松软,应采取换填措施。

(3)应选用透水性好的碎(卵)石土、砂砾、石方碎渣和砂类土作为填料。利用挖方土作填料时应随挖随填及时压实。含水率过大无法晾干的土不得用作雨期施工填料。

(4)路堤应分层填筑。每一层的表面,应做成 2%～4%的排水横坡。当天填筑的土层应当天或雨前完成压实。

(5)雨期填筑路堤需借土时,取土坑距离填方坡脚不宜小于 3 m。平原区路基纵向取土时,取土坑深度一般不宜大于 1 m。

3115　冬期填筑路堤应注意什么?

(1)冬期施工的路堤填料,应选用未冻结的砂类土,碎、卵石土,开挖石方的石块石渣等透水性良好的土。

(2)冬期填筑路堤,应按横断面全宽平填,每层松厚应按正常施工减少 20%～30%,且最大松铺厚度不得超过 30 cm。压实度不得低于正常施工时的要求。当天填的土必须当天完成碾压。

(3)当路堤高距路床底面 1 m 时,应碾压密实后停止填筑。

(4)挖填方交界处,填土低于 1 m 的路堤都不应在冬期填筑。

(5)冬期施工取土坑应远离填方坡脚。如条件限制需在路堤附近取土时,取土坑内侧到填方坡脚的距离应不得小于正常施工护坡道的 1.5 倍。

(6)冬期填筑的路堤,每层每侧应按设计和施工技术规范规定超填并压实。待冬期后修整边坡削去多余部分并拍打密实或加固。

第二节 挖方路堤施工

3201 挖方路基施工中开挖土质路堑有哪些要求?

(1)土方开挖应自上而下进行,不得乱挖超挖,严禁掏底开挖。

(2)开挖过程中,应采取措施保证边坡稳定。开挖至边坡线前,应预留一定宽度,预留的宽度应保证刷坡过程中设计边坡线外的土层不受到扰动。

(3)路基开挖中,基于实际情况,如需修改设计边坡坡度、截水沟和边沟的位置及尺寸时,应及时按规定报批。边坡上稳定的孤石应保留。

(4)开挖至零填路堑路床部分后,应尽快进行路床施工;如不能及时进行,宜在设计路床顶面标高以上预留至少 300 mm 厚的保护层。

(5)应采取临时排水措施,确保施工作业面不积水。

(6)挖方路基路床顶面终止标高,应考虑因压实而产生的下沉量,其值通过试验确定。

3202 土质路堑的开挖常用什么机械?开挖中如何提高其效率?

(1)采用推土机开挖土质路堑。推土机开挖土方作业由切土、运土、卸土、倒退(或折返)、空回等过程组成一个循环。影响作业效率的主要因素是切土和运土两个环节,因此必须以最短的时间和距离切满土,并尽可能减少土在推运过程中散失。其作业方法有:槽形推土法、并列推土法、接力推土法、挫浪式推土法和斜铲推土法等。

(2)采用挖掘机开挖土质路堑。多采用单斗正铲挖掘机作业。正铲挖掘机挖装作业灵活,回转速度快,工作效率高,特别适用于与运输车辆配合开挖土方路堑。

3203 采用爆破方式开挖石质路堑时的工作程序是什么?

(1)爆破影响调查与评估;爆破施工组织设计;培训考核、技术交底;主管部门批准。

(2)清理爆破区施工现场的危石等;炮眼钻孔作业。

(3)爆破器材检查测试;炮孔检查合格;装炸药及安装引爆器材。

(4)布设安全警戒岗;堵塞炮孔;撤离施爆警戒区和飞石、振动影响区的人、畜等。

(5)爆破作业信号发布及作业。

(6)清除盲炮;解除警戒。

(7)测定、检查爆破效果(包括飞石、地震波及对施爆区内构造物的损伤、损失等)。

3204 如何预防爆破施工中发生盲炮?

储存的爆破材料除定期检查外,爆破前进行复查,选用合格的炸药和雷管。购买、使用爆破材料时注意生产日期,有效保质期等,严禁使用过期的废旧火工品。必须仔细进行装药、堵塞、连接工作,注意每一环节,防止出现卡孔、雷管与炸药分离及折断雷管脚线等问题。管药连接时,雷管脚线不要过分拉紧,要保持一定的松驰度,雷管与雷管连接时反向连接。

3205 爆破中发生盲炮时如何处理?

产生盲炮后立即封锁现场,组织施工人员针对装药时的具体情况,找出拒爆原因,采取相应措施处理。处理盲炮可采用二次爆破法、炸毁法及冲洗法等三种办法。属于漏点火的拒爆药包,可再找出原来的导火索、导爆管或雷管脚线,经检查确认完好后,进行二次起爆;对于不防水的硝铵炸药,可水冲洗眼中的炸药,使其失去爆炸能力;对防水炸药的炮眼,可用掏出堵塞物,再装入起爆药包将其炸毁。如果拒爆眼周围岩石尚未发生松动破碎,可以在距爆眼 30 cm 处,钻一平行新眼,重新装药起爆,将拒爆眼炸毁。

3206 路基开挖形成的弃方如何处理?

(1)施工前,应对设计提供的弃土方案进行现场核对,若有疑问,应及时处理。

(2)弃土不得占用耕地。

(3)沿河弃土不得影响排洪、通航,不得加剧河岸冲刷。不得向水库、湖泊、岩溶漏斗及暗河口处弃土。禁止在贴近桥墩台、涵洞口处弃土。

(4)弃土应按设计要求进行压实。

(5)应按设计要求及时完成弃土场的防护、排水工程。

3207 弃土堆设置应符合哪些规定?

(1)弃土应相对集中堆放,并与周边环境相协调,严禁随意处理。

(2)弃土堆的几何尺寸、压实程度、位置应保证路基边坡和弃土堆自身的稳定。弃土堆的边坡不陡于 1∶1.5,顶面向外设不小于 2%的横坡,其内侧高度不宜大于 3 m。

(3)在地面横坡陡于 1∶5 的路段,不得在高于路堑边坡顶的山坡上方设弃土堆。

(4)在山坡上侧的弃土堆,应连续而不间断,并在弃土堆上侧设置截水沟。山坡下侧的弃土堆，应每隔 50～100 m 设宽度不小于 1 m 的缺口排水，排水主流方向不得对地面结构物及农田等造成不利影响，必要时可设人工沟渠导引排水。弃土堆坡脚应进行防护和加固。

3208　深挖路基的施工有什么要求？

(1)施工前应理解设计的边坡防护方案，并编制详细的施工方案，获批准后实施。

(2)施工过程中，应根据开挖情况随时进行地质核查，并对边坡稳定性进行监测。如实际情况与设计不符，应会同设计单位等进行处理。

(3)应根据地形特征设置边坡控制点。

3209　雨期开挖路堑应注意哪些方面？

(1)土质路堑开挖前，在路堑边坡坡顶 2 m 以外开挖截水沟并接通出水口。

(2)开挖土质路堑宜分层开挖，每挖一层均应设置排水纵横坡。挖方边坡不宜一次挖到设计标高，应沿坡面留 30 cm 厚，待雨期过后整修到设计坡度。以挖作填的挖方应随挖随运随填。

(3)土质路堑挖至设计标高以上 30～50 cm 时应停止开挖，并在两侧挖排水沟。待雨期过后再挖到路床设计标高后再压实。

(4)土的强度低于规定值时应按设计要求进行处理。

(5)雨期开挖岩石路堑，炮眼应尽量水平设置。边坡应按设计坡度自上而下层层刷坡，坡度应符合设计要求。

3210　冬期施工开挖路堑表层冻土有哪些方法？

(1)当冰冻深度达 1 m 以上时可用爆破法炸开冻土层。炮眼深度取冻土深度的 0.7～0.9 倍，炮眼间距取冰冻深度的 1～1.3 倍，并按梅花形交错布置。

(2)当冻土深度在 1 m 以下时可选用专用破冻机械如冻土犁、

冻土锯和冻土铲等，予以破碎清除。

(3)当冰冻层较薄，破冻面积不大，可用日光暴晒法、火烧法、热水开冻法、水针开冻法、蒸汽放热解冻法和电热法等方法胀开或融化冰冻层，并辅以人工撬挖。

3211 冬期开挖路堑应注意什么？

(1)当冻土层被开挖到未冻土后，应连续作业，分层开挖，中间停顿时间较长时，应在表面覆雪保温，避免重复被冻。

(2)挖方边坡不应一次挖到设计线，应预留 30 cm 厚台阶，待到正常施工季节再削去预留台阶，整理达到设计边坡。

(3)路堑挖至路床面以上 1 m 时，挖好临时排水沟后，应停止开挖并在表面覆以雪或松土，待到正常施工时，再挖去其余部分。

(4)冬期开挖路堑必须从上向下开挖，严禁从下向上掏空挖“神仙土”。

(5)每日开工时先挖向阳处，气温回升后再挖背阴处，如开挖时遇地下水源，应及时挖沟排水。

(6)冬期施工开挖路堑的弃土要远离路堑边坡坡顶堆放。弃土堆高度一般不应大于 3 m，弃土堆坡脚到路堑边坡顶的距离一般不得小于 3 m，深路堑或松软地带应保持 5 m 以上。弃土堆应摊开整平，严禁把弃土堆于路堑边坡顶上。

第三节 轻质填料路堤施工

3301 粉煤灰用于轻质路堤时有什么质量要求？

(1)用于高速公路、一级公路路堤的粉煤灰，烧失量宜小于 20%；烧失量超过标准的粉煤灰应作对比试验，分析论证后采用。

(2)粉煤灰的粒径，在 0.001～1.18 mm 之间，小于 0.075 mm 的颗粒含量大于 45%。粉煤灰中不得含团块、腐殖质及其他杂质。

(3)调节粉煤灰含水率宜在储灰场或灰池中进行。

(4)粉煤灰运输、装卸、堆放,应采取有效措施防止扬尘、流失与污染环境。

(5)储灰场地应排水通畅,地面应硬化。大的储灰场宜设置雨水沉淀池。堆场应安装洒水设备,防止干灰飞扬。颗粒组成、最大干密度和最佳含水率有显著差别的灰源应分别堆放,分段填筑。

3302　煤矸石用作填料时有何质量要求?

(1)煤矸石堆体自燃程度不同,出现黑色、灰褐色、红色等几种煤矸石,施工中优先选用红色矸石,其次是灰褐色矸石。

(2)黑色煤矸石含炭量高,烧失量偏大,应严格进行试验,符合技术要求方可使用。在距路基顶面深度 80 cm 范围内,应采用烧失量低于 8%的煤矸石,其粒径控制在 10 cm 以内,而其中最上一层压实层所用煤矸石的粒径应控制在 6 cm 以内。

(3)填筑路基具有好的承载力以及高的稳定性,要求采用硬质煤矸石,即使用存放 5 年以上的煤矸石,严禁使用泥结煤矸石。

(4)自然级配较好的煤矸石经过碾压后能形成致密结构,适用于路基填方;自然级配差、大颗粒所占比例较大的煤矸石不能直接用作路基填料,但可经过破碎处理或掺拌粉性土改良后使用。施工过程中颜色一致的煤矸石用于同一段落和同一层次。

(5)对于压实度为 96%的煤矸石路基填筑最大粒径不大于 100 mm,压实厚度不大于 20 cm;对于压实度为 94%的煤矸石路基填筑最大粒径不大于层厚的 2/3 且不超过 150 mm,压实厚度不大于 30 cm;路基碾压时含水率控制在最佳含水率的±2%。

3303　填筑粉煤灰路堤应符合哪些规定?

(1)温度在 0 ℃以上方可施工,并避开大风季节。

(2)按设计要求铺筑隔离层,隔离层界面的路拱横坡应与路堤同坡。

(3)粉煤灰路堤应采用水平分层填筑施工。当分成不同作业段填筑时，先填地段应分层预留台阶，每个压实层应相互重叠搭接，搭接长度宜大于1.5 m，相邻作业段接头范围内的压实度应达到规定要求。

(4)包边土和顶面封层的填料，宜采用塑性指数不小于12的黏性土。隔离层和土质护坡中的盲沟所用砂砾料、矿渣料等，最大粒径应小于75 mm，4.75 mm以下细料含量小于50%，含泥量小于5%。

(5)土质包边土应与粉煤灰填筑同步进行。土质护坡铺筑宽度应保证削坡后的净宽满足设计要求，同时应按设计要求，做好土质护坡的排水盲沟，底层盲沟标高应避免地表水倒灌。

(6)粉煤灰摊铺后必须及时碾压，做到当天摊铺、当天碾压完毕。暂时不能及时铺筑上层粉煤灰，除特殊情况外，禁止车辆通行，并洒水润湿，防止表面干燥松散。施工间隔较长时，应在路堤顶面覆盖适当厚度的封闭土层，并压实，横坡宜稍大于路拱。

(7)粉煤灰路堤的压实应遵循先轻后重、先低后高的原则。铺筑上层时，宜采取洒水润湿、控制卸料车行驶路线、速度、调头、急刹车等措施，防止压实层松散。

(8)当铺筑至粉煤灰路堤顶层时，宜及时按设计要求做封闭层。应按设计要求做好粉煤灰与混凝土结构、金属结构物等接触界面的防护。

3304 粉煤灰路堤应如何碾压？

(1)粉煤灰路堤采用振动压路机碾压。压实厚度根据压实机械种类和压实功能的大小而定，进行试压试验。一般20～30 t的中型振动压路机，每层压实厚度不大于20 cm，中型振动单足碾或40～50 t的重型振动压路机，每层压实厚度不得大于30 cm。

(2)粉煤灰辗压，遵循先轻后重原则，对人工摊铺的灰层先用履带式机具或8～12 t轻型压路机静压1～2遍，稳定后，用振动压路机碾压3～4遍。机械摊铺的灰层可直接用20 t以上的中型或重型振动压路机碾压3～4遍振动压路机压后，再以静作用压路机碾压 1～2 遍。碾压完毕应及时检验压实度，符合规定要求后方可继续填筑上层。

(3)辗压顺序遵循先低后高的原则，直线段由土质边坡向路中心辗压，曲线段由弯道内侧向外侧辗压。辗压速度，稳压时采用 1 挡(1.5～1.7 km/h)为宜，振动时宜用 2 挡(2.0～2.5 km/h)速度辗压。压路机辗压轮迹相互搭接。

3305　煤矸石用作路基填料时如何控制其稳定性？

煤叶石具有潜在的不稳定性，具有膨胀性的煤矸石用于路基填筑时，在道路使用期内煤矸石路基会发生膨胀，导致面层开裂。为了保证路基填料的稳定性，煤矸石用于路基填筑时应符合下列要求：

(1)颗粒自由膨胀率小于 40%。

(2)煤矸石烧失量不超过 20%，小于 15%时最佳。

(3)煤矸石矿物中 SiO_2、Al_2O_3、Fe_2O_3 等氧化物总含量要大于 70%。

(4)煤矸石填料中有机质含量不超过 10%。

(5)煤矸石路基中不得使用强崩解性的填料，煤矸石崩解量不得超过 30%。

3306　煤矸石应如何储运？

(1)路基填料应尽量选用堆放时间较长，且经过强物理风化和化学风化的煤矸石，大块不宜过多，如大块太多，必要时要采取措施，利用机械加工成小块，达到填筑路堤合理的级配粒径，确保煤矸石碾压后的密实度。

(2)煤矸石含水率调节宜在堆料场中进行，尽量减少现场洒水工作量，过干的煤矸石应在使用前 2～3 d 在料场中洒水闷料，将含水率调节到最佳含水范围内。

(3)煤矸石运输宜用机械装车，大吨位自卸汽车拉运。为防止运输途中的扬尘污染，要采取必要的防护措施。

3307 煤矸石路基施工时应如何摊铺？

（1）施工时应采用“卸上推下”法进行施工，采用大功率推土机和重型振动压路机分层铺筑、压实。每次卸车应堆积到该平整的作业面边缘并随卸随用推土机向前推铺、平整，保证大粒径材料的稳定填充。然后使用平地机纵向精平，从路两侧向中心刮平，避免煤矸石与包边土结合处骨料集中。

（2）碾压前将煤矸石中超粒径的石块捡出或人工破碎，用人工或机械整平，对于在碾压过程中形成支点的矸石块要进行处理，确保碾压质量。对于大颗粒矸石集中的地方，应用细粒料填充处理，确保压实后密实，特别是对于土、矸石结合部位，更应该严格控制。

3308 煤矸石路基碾压时应如何操作？

（1）采用分层填筑，每层最大压实厚度为 20～30 cm，松铺系数由试验段得出。煤矸石要预处理，如晾晒、分捡、破碎过大的石块，使颗粒分布均匀，含水率达到或接近最佳含水率。

（2）压路机具：使用 20 t 以上且振激力不小于 50 t 的振动压路机振压为主，通过共振压实，有效减少煤矸石颗粒空隙，增大密实度。

（3）压实的原则：“先静后动，先轻后重，先慢后快，先边后中。”对人工铺设的煤矸石宜先用履带式机具或 3～12 t 压路机静压 1～2 遍，稳压用振动压路机振碾 4～6 遍。机械摊铺的煤矸石层可直接用 20 t 以上的中型或重型振动压路机碾压 4～6 遍，再以静作用压路机静碾 1～2 遍，碾压完毕检验合格后，方可继续填筑上层。

（4）碾压顺序应遵循先低后高的原则，直线地段由边坡向路基中心碾压，曲线段由曲线内侧向外侧碾压。稳压时碾压轮迹横向应相互搭接，纵向后轮必须超过相邻段的接缝。

（5）对路堤局部边角地带，应采用小型手扶式振动压路机、蛙式打夯机碾压到规定的压实度。压路机的行走速度按常规为 2～4 km/h。

3309　煤矸石路基的包边土施工有什么要求？

（1）包边土的朔性指数以不小于12为宜。包坡护肩土采取分层填筑，一般在填筑煤矸石前，先填包坡护肩土，并进行预压，使其较同层煤矸石高出5～8 cm，然后再与该层煤矸石填料同步压实，以增加结构整体性。

（2）包坡护肩土与煤矸石接触面不得有大块矸石，以保证接触面密实，避免空洞和凹槽等现象。如在雨季施工，两侧的包坡护肩土应及时设置盲沟。盲沟的尺寸为30 cm×30 cm贯通包边土，材料可用砂或粒径5～20 mm的煤矸石予以夯实，以利排水。盲沟间距一般为20～30 m设一道，在路堤两侧互相错开设置。

（3）煤矸石路基顶面采用5％的石灰土做40 cm厚上封层。

3310　粉煤灰路堤的压实标准是什么？

粉煤灰路堤压实度标准见表3-3。

表3-3　粉煤灰路堤压实度标准

填料应用部位［路床顶面以下深度(m)］		压实度(％)	
		二级及二级以上公路	其他等级公路
上路床	0.0～0.30	≥95	≥93
下路床	0.30～0.80	≥93	≥90
上路堤	0.80～1.50	≥92	≥87
下路堤	＞1.50	≥90	≥87

注：1. 表列压实度以部颁《公路土工试验规程》(JTJ 051)重型击实试验法为准；
2. 特别干旱或潮湿地区的压实度标准可降低1％～2％；
3. 包边土和顶面封层压实度应符合土质路堤关于压实标准的规定。

3311　EPS路堤的施工有哪些规定？

（1）EPS块体在工地堆放时，应采取防火、防风、防雨水滞留、防有机溶剂及石油类油剂的侵蚀等保护措施，采取措施避免强阳光直接照射。

(2)垫层应厚度均匀、密实,垫层宽度宜超过路基边缘 0.5～1 m。

(3)EPS 块体铺筑应符合下列规定:

1)非标准尺寸 EPS 块体宜在生产车间加工。现场加工时,宜用电热丝进行切割。

2)施工基面必须保持干燥。EPS 块体应逐层错缝铺设。允许偏差范围之内的缝隙或高差,可用砂或无收缩水泥砂浆找平。

3)严禁重型机械直接在 EPS 块体上行驶。

4)与其他填料路堤或旧路基的接头处,EPS 块体应呈台阶铺设。

5)最底层块体与垫层之间、同一层块体侧面连接、不同层的块体之间的连接应牢固,连接件应进行防锈处理。

6)EPS 块体顶面的钢筋混凝土薄板、土工膜或土工织物等,应覆盖全部 EPS 块体,并向土质护坡延伸 0.5～1.0 m。

7) EPS 路堤两边的土质护坡,坡面法向厚度应不小于 0.25 m,分层碾压夯实,防渗土工膜宜分级回包。

第四节　路基拓宽改建施工

3401　路堤拓宽改建施工的基本要求是什么?

(1)应按设计拆除老路路缘石、旧路肩、边坡防护、边沟及原有构造物的翼墙或护墙等。

(2)施工前应截断流向拓宽作业区的水源,开挖临时排水沟,保证施工期间排水通畅。

(3)拓宽部分路堤的地基处理应按设计和规范有关条款处理。

(4)老路堤与新路堤交界的坡面挖除清理的法向厚度不宜小于 0.3 m,然后从老路堤坡脚向上按设计要求挖设台阶;老路堤高度小于 2 m 时，老路堤坡面处理后，可直接填筑新路堤。严禁将边坡清挖物作为新路堤填料。

(5)拓宽部分的路堤采用非透水性填料时，应在地基表面按设计铺设垫层，垫层材料一般为砂砾或碎石，含泥量不大于 5%。

(6)拓宽路堤的填料宜选用与老路堤相同的填料，或者选用水稳性较好的砂砾、碎石等填料。

3402 路基拓宽处理后宜出现纵横向裂缝等病害的原因是什么？

(1)新老路基拓宽处理后结合部位路基材质和路面结构层厚度、强度不一，特别是一边为新做路基，一边为原有老路基，质量也存在差异，在结合部位产生一个临界面，为道路开裂留下隐患。

(2)新老路基拓宽处理后，在结合部位沉降量不一，产生一定的沉降差值，特别是新拓宽路基工后沉降较大，而老路基已经完成了相当的工后沉降量，这样不可避免地在结合部位产生一个沉降差值突变点，成为道路产生裂缝的主要原因。

(3)新老路基结合部位工艺较复杂，施工难度较大，往往在此产生人为的质量因素，如密实度达不到设计标准等，也是产生裂缝的原因之一。

3403 路基拓宽施工常采用的五流程、三阶段流水作业工艺具体指什么？

(1)五流程

1)准备：清表、修筑临时便道、临时排水设施、取土场排水和便道、拆除护坡、边沟等。

2)基底处理：填前翻松、掺灰(根据土质情况)并压实，开挖台阶等。

3)分层填筑：按预定的松铺厚度上土，平整压实。

4)分层检测报验：按规定自检，检测压实度、标高、平面尺寸等，报请监理工程师抽查，合格后进行下道工序。

5)整修：每层完成后应对路基边坡、坑槽、表层松散、剥落层进行整修，保证层间结合不留夹层。

(2)三阶段

1)填前翻晒或排水作业阶段。

2)掺灰(若必要时)、平整、碾压阶段。

3)自检、报验、复检阶段。

3404 路基拓宽改建施工的清表工作应注意哪些方面?

(1)路基用地范围内的树木、灌木丛等应在清表前砍伐或移植，砍伐的树木堆放在路基用地之外，并妥善处理。

(2)经过国家级自然保护区或风景区等的路段，清理场地前主动与保护区有关管理部门联系，辨别、确认国家保护的珍稀植物资源，并根据国家有关规定结合保护区管理部门进行移植等妥善处理。

(3)路基用地范围内的垃圾、有机物残渣及原地面以下至少100～300 mm内的草皮、农作物的根系和表土应予以清除，并且达到规范要求。清理的表土有序集中地堆放在弃土场内，以供土地复耕和绿化使用。场地清理完成后，全面进行填前碾压，其压实度达到设计文件规定的要求。

(4)路基用地范围及取土场范围内的树根全部挖除，并将路基范围内的坑穴在清除沉积物后按要求分层填平夯实。

(5)路基跨越河、塘、湖地段时，承包人采取措施修筑围堰，排除积水，清除淤泥等不适宜材料，并按设计要求的施工工艺、方案等进行填前处理。

(6)对于鱼池、小河塘等地段，将水按相关要求排干，并对基底进行彻底清淤等处理，直至符合要求。

3405 路基拓宽改建施工中新旧路基交界处的台阶应如何设置与控制?

拓宽改建路堤的台阶是提高路堤拼接强度的重要保证，台阶的设置与开挖控制应符合如下要求：

(1)按设计图纸要求在原路基坡坡脚处开挖台阶，台阶高为

1 m，台阶水平宽度 1.5 m，上部台阶均为宽 1 m，高 66.7 cm。台阶面距路床底面小于 70 cm 时按一个台阶开挖回填，大于 70 cm 时应分成 40 cm 和≥30 cm 两个台阶开挖回填。顶面形 3%内倾横坡。

(2)台阶立面要求机械开挖时预留 10 cm，用人工修整，台阶坡面可向老路堤倾斜，坡比控制在 10∶1，以利于接缝处压实，应注意施工过程中的排水问题。

(3)台阶自下而上随填土进度进行逐层开挖，暴露台阶时间一般不超过 3～4 d 完成最后一层填土。

(4)台阶内侧重型压路机碾压不到的接缝部位，须采用小型振动夯机夯压密实。

(5)台阶开挖时若老路堤出现渗水，须及时报告监理工程师，采取处理措施后才可继续施工。

(6)台阶最上层土和新路堤同时翻松 20 cm，掺灰拌和，和新路堤同步整平压实。

(7)超高段的台阶开挖，为调坡需要，可在 96 区以下(即：路床底面以下部分)逐渐调平，96 区(即：路床底面)为水平坡，然后形成超高。

(8)若原有路基的路肩部分质量较差，无法按要求开挖台阶，或即使能开挖台阶，其开挖后的质量也很差，不能符合规范要求。这种情况下，路基拼接可采用“全挖式”的拼接方式，即采用挖除原路肩，直接拼接，适当考虑设置土工织物。

3406 当拓宽路基采用土工格栅时，土工格栅的施工有什么技术要求？

(1)铺设土工格栅的土层表面平整，表面严禁有碎、块石等坚硬凸出物；在距土工格栅 8 cm 以内的路基填料其最大粒径不得大于 6 cm。

(2)单向土工格栅在铺设工程时，应将格栅受力方向置于垂直于路堤轴线方向。

(3)土工格栅的搭接应牢固,在受力方向连接处的强度不得低于材料设计抗拉强度,且其叠和搭接长度不应小于 20 cm。

(4)土工格栅不允许有褶皱,应人工拉紧并采用插钉等措施固定土工格栅于填土层表面。

(5)土工格栅铺筑后应及时填土(暴露时间不应超过 48 h),格栅上的第一层填土应采用轻型推土机或前置式装载机逐段推进。一切车辆、施工机械只允许沿路基的轴线方向,禁止直接在格栅上行驶。

(6)土工格栅上铺筑石灰土,须采用场外拌和法施工。

3407 保证拓宽改建路基质量的关键点有哪些?

(1)加强软土地基处理

在新建路基工后沉降中地基沉降占有较大的比例,特别是软土地基。对软土地基应根据地质资料,采用有利于加快地基固结沉降或提高地基承载力的设计施工方案,以减少工后沉降。目前常采用的处理方法有:浅层换填、排水固结(改良土、塑料排水板等)、复合地基(如碎石桩、粉喷桩、CFG 桩)。

(2)控制加宽路基填筑

拓宽改建路基施工中,对加宽部分路基可通过大吨位振动压路机、冲击式压路机碾压土体以及增加碾压遍数来减少土体孔隙率,提高路基压实度,以降低路基的工后沉降;同时尽量采用无机结合料改良土或 CBR 值较好的碎石土、砂砾等填料,对于基底承载力低、路堤较高的加宽路堤可采用粉煤灰等轻质路基填料以降低路堤自重。

(3)加强新旧路基结合部的压实度

结合部因路基材质和路面结构层厚度、强度不一样、施工质量不同,是最宜出现质量问题的部位。加强结合部位的压实度可采用以下方法:采用一般碾压与冲击碾压相结合的碾压方式,同时加强结合部的碾压力度;严格控制台阶质量,做好台阶搭接施工是提高新旧路基结合部整体强度和稳定性最有效的方法;其他设置土工格栅等加筋材料也是常用的方法。

第五节 路基排水施工

3501 路基排水方法有哪些?

(1)地表排水:边沟排水、截水沟排水、排水沟排水、急流槽排水。

(2)地下排水:暗沟(管)、渗沟、渗井。

3502 什么是边沟?边沟施工应符合哪些规定?

边沟指的是为汇集和排除路面、路肩及边坡的流水,在路基两侧设置的水沟。边沟设置于挖方地段和填土高度小于边沟深度的填方路段。其形式可分为L形边沟、梯形、碟形、三角形、矩形或U形边沟,又分为明沟和加设盖板的暗沟等多种形式,多为石块砌成,边沟可与路缘石结合为一整体。

边沟的施工应符合下列规定。

(1)边沟沟底纵坡应衔接平顺。

(2)土质地段的边沟纵坡大于3%时应采取加固措施。

3503 什么是截水沟?其设计原则及注意事项是什么?

截水沟又称天沟,指的是为拦截山坡上流向路基的水,在路堑坡顶以外设置的水沟。(规范规定距路堑坡顶外缘大于等于5 m,距路堤坡脚外缘大于等于2 m)

当路基挖方上侧山坡汇水面积较大时,应于挖方坡口5 m以上设置截水沟。截水沟水流一般不应引入边沟,当必须引入时,应切实做好防护措施。截水沟长度一般不宜超过500 m,当截水沟长度超过500 m时应选择适当的地点设出水口,将水引至山坡侧的自然沟中或桥涵进水口,截水沟必须有牢靠的出水口,必要时须设置排水沟、跌水或急流槽。截水沟的出水口必须与其他排水设施衔接。截水沟的平、纵转角处应设曲线连接,其沟底纵坡应不小于0.3%。当流速大于土壤容许冲刷的流速时，应对沟面采取加固措施或设法减小沟底纵坡。

在无弃土堆的情况下，截水沟的边缘离开挖方路基坡顶的距离视土质而定，以不影响边坡稳定为原则；路基上方有弃土堆时，截水沟应离开弃土堆1～5 m，弃土堆坡脚离开路基挖方坡顶不应小于10 m，弃土堆顶部应设2%倾向截水沟的横坡；山坡上路堤的截水沟离开路堤坡脚至少2 m，并用挖截水沟的土填在路堤与截水沟之间，修筑向沟倾斜坡度为2%的护坡道或土台，使路堤内侧地面水流入截水沟排出。

3504 截水沟施工应符合哪些规定?

(1)截水沟应先施工，与其他排水设施应衔接平顺。

(2)截水沟应按设计要求进行防渗及加固处理。地质不良地段、土质松软路段、透水性大或岩石裂隙较多地段，截水沟沟底、沟壁、出水口都应进行加固处理，防止水流渗漏和冲刷。

3505 什么是排水沟? 分为哪几类? 施工应符合哪些规定?

排水沟的是将边沟、截水沟和路基附近、庄稼地里、住宅附近低洼处汇集的水引向路基、庄稼地、住宅地以外的水沟。

排水沟分为明沟(露出地面的排水沟)和暗沟(又称为盲沟)两种。

排水沟的施工应符合下列要求：

(1)排水沟线形应平顺，转弯处应为弧线形。

(2)排水沟的出水口，应设置跌水和急流槽将水流引出路基或引入排水系统。

3506 什么是急流槽? 施工应符合哪些规定?

急流槽指的是在陡坡或深沟地段设置的坡度较陡、水流不离开槽底的沟槽。是为了减免山洪及泥石流危害，修筑在荒溪冲积扇区或侵蚀沟口的排导措施，主要包括导流堤、急流槽和束流堤三个部分。导流堤的主要作用是改善泥石流流向，也改善流速；急流槽的主要作用是改善流速；束流堤的主要作用是改善流向，防止漫流。一般将导流堤与急流槽组成排导槽，以改善泥石流在冲积扇上的流势和流向。导流堤与束流堤组成束导堤，以防止泥石流漫流改道危害。在公路工程中，急流槽常被建在坡路两边，用来排水以及达到减缓水流速度的目的，对公路路基起到很大的保护作用。

急流槽的施工应符合下列规定：

(1)片石砌缝不应大于 40 mm，砂浆饱满，槽底表面粗糙。

(2)急流槽分节长度宜为 5～10 m，接头处应用防水材料填缝。混凝土预制块急流槽，分节长度宜为 2.5～5.0 m。

3507 什么是蒸发池？其设置与施工应符合哪些规定？

蒸发池指的是在气候干旱地区的排水困难路段，于道路两侧每隔一定距离，为汇集边沟流水任其蒸发所设置的积水池。

蒸发池的设置与施工应符合下列规定：

(1)蒸发池边缘距路基边沟距离应以保证路基稳定和安全为原则，并不应小于 5 m，湿陷性黄土地区不得小于湿陷半径。池中水位应低于排水沟的沟底。

(2)蒸发池池底宜设 0.5% 的横坡，入口处应与排水沟平顺连接。

(3)蒸发池四周应进行围护。

(4)蒸发池应根据具体情况采取适当的防护加固措施，蒸发池的设置不应使附近地面形成盐渍化或沼泽化或对周围环境产生不利影响。

(5)蒸发池的容量不宜超过 200～300 m^3，蓄水深度不应大于 1.5～2 m。

3508 油水分离池设计原则？

(1)污水进入油水分离池前应先通过格栅和沉砂池处理。

(2)不得由于设置油水分离池而污染当地生态环境。

(3)池底、池壁和隔板应采用砌浆片石或现浇混凝土进行加固。

3509 什么是暗沟(管)？有几种基本形式？

暗管指利用地下管道排放污水的方式。

常用的管材有不同形状和规格的瓦管、陶木管(管壁上釉)、水泥土管、水泥砂浆管、粗砂混凝土滤水管、塑料管，以及竹、木、砖、石管等。

污水入河湖方式分为明渠、暗管、泵站、涵闸、潜没、其他等。

3510 暗沟(管)地下排水施工应符合哪些规定？

(1)沟底必须埋入不透水层内，沟壁最低一排渗水孔应高出沟底至少 200 mm。

(2)暗沟设在路基旁侧时，宜沿路线方向布置；设在低洼地带或天然沟谷处时，宜顺山坡的沟谷走向布置。沟底纵坡应大于 0.5%，出水口处应加大纵坡，并高出地表排水沟常水位 200 mm 以上。

(3)寒冷地区的暗沟应按照设计要求做好防冻保温处理，出水口处也应进行防冻保温处理，坡度宜大于 5%。

(4)暗沟采用混凝土或浆砌片石砌筑时，在沟壁与含水层接触面以上高度，应设置一排或多排向沟中倾斜的渗水孔，沟壁外侧应填筑粗粒透水性材料或土工合成材料形成反滤层。沿沟槽底每隔 10～15 m 或在软、硬岩层分界处应设置沉降缝或伸缩缝。

(5)暗沟顶面必须设置混凝土盖板或石料盖板，盖板上填土厚度应大于 500 mm。

3511 什么是渗沟？

渗沟是指：采用渗透方式将地下水汇集于沟内，并通过沟底通道将水排到指定地点，这种排水设施统称为渗沟。常见的有填石渗沟、管式渗沟、洞式渗沟、边坡渗沟、支撑渗沟。

3512　填石渗沟设置形式？

填石渗沟通常为矩形或梯形，在渗沟的底部和中间用较大碎石或卵石(粒径 3～5 cm)填筑，在碎石或卵石的两侧和上部，按照一定比例分层(层厚约 15 cm)，填较细颗粒的粒料(中砂、粗砂、铄石)作为反滤层。逐层的粒径比例，由下至上大致按 4:1 递减，砂石料颗粒小于 0.15 mm 的含量不应大于 5%，用土工合成材料包裹有孔的硬塑管时，管四周填以大于塑管孔径的等粒径碎、铄石，组成渗沟，顶层做封闭层，用双层反铺草皮或其他材料铺成，并在其上夯填厚度不小于 0.5 m 的黏土防水层。

3513　填石渗沟施工应符合哪些规定？

(1)石料应洁净、坚硬、不易风化。砂宜采用中砂，含泥量应小于 2%，严禁用粉砂、细砂。

(2)渗水材料的顶面(指封闭层以下)不得低于原地下水位。当用于排除层间水时，渗沟底部应埋置于最下面的不透水层。在冰冻地区，渗沟埋设深度不得小于当地冻结深度。

(3)填石渗沟纵坡不宜小于 1%。出水口底面标高应高出渗水沟外最高水位 200 mm。

3514　管式渗沟适用于什么情况下使用？如何设置与施工？

管式渗沟适用于地下水引水较长、流量较大的地区，当管式渗沟长度 100～300 m 时，其末端宜设横向泄水管分段排除地下水。

管式渗沟的泄水管可用陶瓷、混凝土、石棉、水泥或塑料等材料组成，管壁应设泄水孔，交错布置，间距不宜大于 20 cm，渗沟的高度应使填料的顶面高于原地下水位，沟底垫层材料一般采用干砌片石，如沟底深入到不透水层时宜采用浆砌片石，混凝土或土工合成的防水材料。

管式渗沟的施工应符合下列规定。

(1)管式渗沟长度大于 100 m 时，应在其末端设置疏通井，并设横向泄水管,分段排除地下水。

(2)泄水孔应在管壁上交错布置,间距不宜大于 200 mm。渗沟标高应高于地下水位。管节宜采用承插式柔性接头链接。

3515 洞式渗沟适用于什么情况下使用?施工有什么要求?

洞式渗沟适用于地下水流量较大的地段,洞壁宜采用浆砌片石砌筑,洞顶应用盖板覆盖,盖板之间应留有空隙,使地下水流入洞内,洞式渗沟的高度要求同管式渗沟。

洞式渗沟施工应符合下列规定:

(1)洞式渗沟填料顶面宜高出地下水位。

(2)洞式渗沟顶部必须设置封闭层,厚度应大于 500 mm。

3516 边坡渗沟施工应符合哪些规定?

(1)边坡渗沟的基底应设置在潮湿土层以下的干燥地层内,阶梯式泄水坡坡度宜为 2%~4%,基底应铺砌防渗层。

(2)沟壁应设反滤层,其余部分用透水性材料填充。

3517 支撑渗沟施工应符合哪些规定?

(1)支撑渗沟的基底宜埋入滑动面以下至少 500 mm,排水坡度宜为 2%~4%。当滑动面较缓时,可做成台阶式支撑渗沟,台阶宽度宜大于 2 m。

(2)渗沟侧壁及顶面宜设反滤层。寒冷地区,渗沟出口应进行防冻处理。

(3)渗沟的出水口宜设置端墙。端墙内的出水口底标高,应高于地表排水沟常水位 200 mm 以上,寒冷地区宜大于 500 mm。承接渗沟排水的排水沟应进行加固。

3518 渗沟反滤层施工应符合哪些规定?

(1)在渗沟的迎水面设置粒料反滤层时,粒料反滤层应用颗粒大小均匀的碎、砾石,分层填筑。

(2)土工布反滤层采用缝合法施工时,土工布的搭接宽度应大于 100 mm。铺设时应紧贴保护层,但不宜拉得过紧。土工布破损后应及时修补,修补面积大于破坏面积的 4～5 倍。

(3)坑壁土质为黏性土或粉细砂土,采用无砂混凝土板做反滤层时,在无砂混凝土板的外侧,应加设 100～150 mm 厚的中粗砂或渗水土工织物反滤层。

3519　什么是渗井?其施工应符合哪些规定?

渗井是指将边沟排不出的水渗到地下透水层中而设置的充填碎、砾石等粗粒材料并铺以倒滤层的竖井。渗井属于水平方向的地下排水设备。当地下存有多层含水层,其中影响路基的上部含水层较薄,排水量不大,且平式渗沟难以布置,可采用立式(竖向)排水,设置渗井。

渗井施工应符合下列规定。

(1)填充料含泥量应小于 5%,按单一粒径分层填筑,不得将粗细材料混杂填塞。下层透水层范围内宜填碎石或卵石,上层不透水范围内宜填砂或砾石。井壁与填充料之间应设反滤层。

(2)渗井顶部四周用黏土填筑围护,井顶应加盖封闭。

(3)渗井开挖应根据土质选用合理的支撑形式,并应随挖随支撑、及时回填。

3520　隔离工程土工合成材料施工应符合哪些规定?

(1)采用搭接铺设,搭接长度宜为 1 000 mm。

(2)土工织物上填料为碎石、砂砾或矿渣时,其最大粒径宜小于 26.5 mm,通过 19 mm 筛孔的材料不得大于 10%,通过 0.075 mm 筛孔的材料塑性指数不得大于 6。

(3)排水隔离层顶面应高出地下水位 300 mm 以上。

3521　仰斜式排水孔施工应符合哪些规定?

(1)钻孔成孔直径宜为 75～150 mm,仰角不小于 6°。孔深应延伸至富水区。

(2)排水管直径宜为50～100 mm,渗水孔宜梅花形排列,渗水段裹1～2层无纺土工布,防止渗水孔堵塞。

3522 承压水如何排除?

(1)一般地区,埋深较浅的承压水宜用在承压水出口处抛填片石或混凝土预制块等措施,使承压水消能为无压水流后再采用排水沟、渗沟等方式排走,也可用隔离层把承压水引入排水沟。

(2)一般地区,层间承压水可根据不同的含水情况和压力情况,采用渗沟、排水沟、渗井和暗沟(管)等措施排除。

(3)寒冷地区,埋藏于冻土层以下的承压水宜采用渗沟、排水沟、渗井和暗沟(管)等方法排除;但如果因地形条件所限,排水设施不能埋设于当地冰冻深度以下时,上层填土宜采取保温措施,与排水设施出口处相连接的沟槽应做成保温沟。保温沟的保温覆盖层,其布设范围应在排水设施出口处向外延伸2～5 m,并应加大出水口处排水沟纵坡。

(4)在寒冷地区,山坡较平缓,含水率和覆盖层又较浅,且涌水量、动水压力不大的情况下,可在覆盖层中挖冻结沟。

第四章　特殊土质路基施工

第一节　湿黏土路基施工

4101　什么是湿黏土?

湿黏土是天然含水率大于塑限或大于最佳含水率5%的黏性土称为湿黏土。一般湿黏土的塑性指数大于10,黏粒含量在10%以上。湿黏土一般具有较大的膨胀性、较差的稳定性、较难的压实性。

(1)湿黏土普遍会产生吸水膨胀和失水收缩的现象,其膨胀性的大小主要受黏土矿物的种类和黏粒含量的影响,也与土含水率的变化有关,这种膨胀性对路基土的稳定性有影响,必须采取措施予以控制。

(2)湿黏土的含水率一般大于塑限,近饱和状态,天然状况下含水率变化范围小,当严重改变土的含水率后,土的稳定性会发生较大变化,填筑路基时也应采取必要的措施。

(3)压实是通过机械的压实功促使土颗粒排列紧密,提高土的强度和稳定性。湿黏土的结构主要为凝聚性结构,分层碾压时除表面水分有蒸发外,土颗粒不能有进一步排列紧密,只能使土块和土团间孔隙减少,即压实后的干密度仅由晾晒减少的水分所决定。增大压实机械的重量,采用重型压实机械不一定能取得好的效果。

4102　用湿黏土作为填料直接填筑时,应符合哪些规定?

(1)液限在40%～70%之间、塑性指数在18～26之间;

(2)采用湿土法制作试件,试件的CBR值满足规范的规定;

(3)不得作为二级及二级以上公路路床、零填及挖方路基0～0.80 m范围内的填料;不得作为三、四级公路上路床、零填及挖方路基0～0.30 m范围内的填料。

4103 黏性土的稠度指什么？如何根据稠度判断其工程特性？

（1）黏性土的稠度计算公式：

$$W_c=(W_1-W)/I_p$$

式中 W_1——液限；

W——天然含水率；

I_p——塑性指数。

（2）黏性土按稠度划分时，其工程特性为：

1）$W_c<0.5$ 时呈极软状态，不能用于路基填料；

2）$0.5\leqslant W_c<0.75$ 时，呈软塑状，属于需要处理的湿黏土，如用作填料时，可掺入无机结合料，视情况晾晒拌和后压实；

3）$0.75\leqslant W_c<0.9$ 时，需要晾晒的时间较长，并需掺入小剂量的结合料后压实；

4）只有当 $W_c>1.0$ 时，土呈半固体状，属于正常填料，可直接用重型机械碾压密实。

4104 水稻田地段路基的施工有哪些要求？

（1）水稻田地段路基施工，不得影响农田排灌。

（2）施工前应采取措施排除公路用地范围内的地表水。疏干地表水确有困难时，应按设计要求进行处治。

（3）二级及二级以上公路路堑段，应在边坡顶适当距离外，筑埂并挖截水沟；土质、风化岩石边坡，应浆砌护墙或护坡；路堑路段宜加大边沟尺寸并采用浆砌。

4105 河、塘、湖地段路堤施工应符合什么规定？

（1）受水浸、润作用的路堤部分，宜用水稳性好、塑性指数不大于 6、压缩性小、不易风化的透水性填料填筑。

（2）在洪水淹没地段的路堤两侧不得取土；三、四级公路，特殊情况下，可在下游侧距路堤安全距离外取土。

（3）两侧水位差较大的河滩路堤，根据具体情况，宜放缓下游一侧边坡、设滤水趾和反滤层、在基底设隔渗墙或隔渗层。

(4)防洪工程应在洪水期前完成,施工期间应注意防洪。

4106 多雨潮湿地区路基施工应符合什么规定?

(1)多雨潮湿地区施工,应注意排水。机具停放地、库房、生活区域应选在地势较高不易被水淹的地点,并有完善的排水防洪设施。

(2)多雨潮湿地区,应按设计要求对基底过湿土层进行处理。

4107 湿黏土路基施工可采用哪些技术措施?

(1)在气温较高、降雨天数较少、同时过湿土天然含水率较低时,可直接铺筑,然后用重型铧犁和重型缺口圆盘耙,直接将土翻松、粉碎,然后用重型压路机碾压,直至压实度达到要求数值。

(2)路基过湿土天然含水率较高时,先用推土机、铲运机等机械把土由取土坑中取出,放置在取土坑附近,使土中的水自由下渗和向上蒸发,而且把下层含水率过大的土堆放在上面,有必要时还可以用挖掘机等机械进行翻晒一遍。经过晾晒的土可直接用于路基填料。

(3)天气晴朗而干燥、土源含水率并不太高时,可用一次掺灰法,即先在取土场内晾晒、沥水以降低土的部分含水率,然后装车运到路基,掺灰粉碎,再次降低土的含水率,以达到路基填料的使用标准。具体的做法可根据当地的实际情况掌握,一般在压实度为90%的部分,掺灰量控制在5%以内,在压实度要求达到95%以上的部分,掺灰量控制在8%～10%的范围内。

(4)对于含水率较高的路基过湿土,也可以由取土坑挖出后运至作业段两侧,经过初步晾晒后再用推土机配合装载机推运至作业段,然后再用铧犁和圆盘耙将土块粉碎,直至达到粒径标准,整平后将规定剂量的消石灰的一部分均匀撒布在土层上,进行机械拌和均匀后,用推土机进行排压一遍。排压过的土层经过一昼夜的闷料后,再将剩余的消石灰进行均匀撒布、翻拌,最后用重型压路机进行碾压,直至达到工程要求的压实度值。

(5)当不具有石灰资源时,也可以采用掺水泥改良的方法对湿黏土进行处理,一般水泥用量为4%～8%,施工方法与掺灰法类似,但不进行闷料。

4108 采用水泥稳定湿黏土时,应如何进行施工?

(1)水泥土的拌和,务必拌和均匀。先用装载机强固齿翻松一遍,再用拌和机拌和,随时检查拌和厚度,严禁在拌和料底层留有素土。拌和机应拌和两次。

(2)水泥稳定土整平。稳定土混合料拌和第二遍时紧跟着用推土机排压、平地机整平和整型,直线段上平地机由两侧向路中心刮平,在平曲线上平地机由外侧向内侧刮平。整完后,用振动压路机快速静压一遍,以消除局部不平,再用平地机配合人工进行精平。在整平过程中检查混合料的松铺厚度,按设计坡度和路拱施工成型。整个整型过程一般应在1 h内完成。

(3)碾压。混合料完成精平成型后,当混合料处于最佳含水率±2%时,即可进行碾压,采用16 t振动压路机静碾一遍,然后用16 t、18 t压路机振压,胶轮压路机稳压。整个碾压过程须在1.5 h内完成。用振动式压路机碾压4遍,最后一遍静压修面。碾压一般先慢后快,先轻后重,以符合土的强度增长规律。

(4)接缝的处理。前后作业的两个施工段衔接处,采取搭接拌和,前一段空出2 m不进行拌和和碾压,与下一段一起加水泥拌和施工;对于桥头2～5 m范围内,拌和时应先横向拌和2遍,然后再纵拌。当不连续施工时,碾压结束后,在末端做斜坡,第二天开始摊铺新料时,将末端斜坡挖除,并挖成一横向(与路中心线垂直)垂直向下的断面。

(5)养生。水泥稳定土施工完毕需湿法养生,以满足水泥水化形成强度的需要。一般养生7 d,每天用洒水车洒水养护。养生温度愈高,强度增长愈快,因此要保证养生的温度和湿度条件。另外水泥稳定土施工要求各工序紧密连续进行,从拌和到碾压,必须在6 h内完成,这是由强度形成特点决定的。

4109　采用石灰稳定湿黏土时的施工工艺流程是什么？施工中应注意什么？

(1)石灰土施工的工艺流程

土场按比例掺灰(控制总量的40%)→闷料(掺生石灰粉闷料时间不小于2 d,不大于3 d;掺消石灰闷料时间控制在1～2 d)→挖掘机翻拌1～2次,确保灰土均匀→运料至现场→平整稳压(压实度80%)→按比例撒余下的消石灰(可采取划格或层厚控灰剂量)→旋耕机翻拌1～2次→平整稳压→路拌机翻拌一次→随机检查含水率和粗颗粒含量(粒径2～5 cm<10%)→平整碾压密实→达到规定层位压实度要求→视情况洒水养生→报验。

(2)石灰土施工注意事项

1)含水率控制为最佳含水率±1%,压实厚度控制在18～20 cm以内。

2)石灰消解必须按规范实施,消石灰必须过筛,筛孔不大于2 cm。严格控制未消解的颗粒掺入灰土中,以免引起爆裂而影响路基压实度。

3)灰剂量和相应压实度是影响灰土填筑的关键,需通过多组击实试验,确定灰剂量和标准击实关系曲线,控制施工压实度。

4)石灰土表层长期暴晒后,会开裂松散。雨后未完全消解的石灰微粒水化后膨胀,易导致灰土表层松散,因此进行下层施工前要求检查表层松散情况,采取洒水复压或雨后复压的措施。若松散较严重,应铲除表层松散部分,确保灰土无软弱夹层。

第二节　软土地区路基施工

4201　什么是软土地区路基？

淤泥、淤泥质土及天然强度低、压缩性高、透水性小的一般黏土统称为软土。大部分软土的天然含水率高,孔隙比大,压缩性高，抗剪强度低，具有触变性和显著的流变性。对于高速公路，标准贯击次数小于4，无侧限抗压强度小于50 kPa且含水率大于50％的黏土或标准贯击次数小于4且含水率大于30％的砂性土统称为软土。修建在软土地区的路基，主要是路堤填筑荷载引起软基滑动破坏的稳定问题和量大且时间长的沉降问题。容易产生路堤失稳或沉降过大等问题。

4202 常见的软土地基处理方法有哪些？

软土地基的处理方法很多，包括换填法、抛石挤淤、砂砾垫层、土工合成材料、袋装砂井、塑料排水板、真空预压、真空堆载联合预压、砂桩、碎石桩、加固土桩、水泥粉煤灰碎石桩、Y型沉管灌注桩、薄壁筒型沉管灌注桩、静压管桩、强夯、强夯置换等方法。其中常用的有换填、抛石挤淤、塑料排水板、粉喷桩、堆载预压、强夯等。

4203 软土地区路堤施工有什么要求？

(1)软土地区路堤施工计划中宜考虑地基固结工期。

(2)施工时不宜破坏软土地基表层硬壳层。

(3)路堤压实宽度应不小于设计值，坡度应符合设计要求。

(4)填筑过程中，路堤中心线地面沉降速率每昼夜应不大于10～15 mm，坡脚水平位移速率每昼夜应不大于5 mm。应结合沉降和位移发展趋势对观测结果进行综合分析。填筑速率应以水平位移控制为主，超过标准应立即停止填筑。

(5)采用排水固结法施工时，桥台、涵洞、通道以及加固工程应在预压沉降完成后方可进行施工。路堤与桥台衔接部位、路堤与堆坡预压填土应同步填筑与碾压，填料宜选用透水性材料。

(6)应按设计要求的预压荷载、预压时间进行预压。在预压期内，除添加由于沉降而引起的沉降补方外，严禁其他作业。

4204 在软土地基上直接填筑路堤，应符合哪些规定？

(1)水面以下部分应选择透水性好的填料，水面以上可用一般土或轻质材料填筑。

(2)填筑路基的土宜从取土场取用。必须在两侧取土时,取土坑距路堤坡脚的距离应满足路堤稳定的要求。

(3)反压护道施工宜与路堤同时填筑。分开填筑时,必须在路堤达到临界高度前完成反压护道施工。

4205　在软土地基处理时,砂(砾)垫层起什么作用?一般在什么情况下使用?

在软土层顶面铺砂(砾)垫层,主要起浅层水平排水作用,使软土在路堤自重的压力作用下,加速沉降发展,缩短固结时间。但对基底应力分布和沉降量的大小无显著影响。

砂(砾)垫层一般在砂料资源丰富、运距较近时用于路堤高度小于2倍极限高度,软土层及其硬壳较薄,或软土表面渗透性很低的硬壳等情况。亦可用于软土层稍厚但具有双面排水条件的地基。

4206　砂(砾)垫层施工时应注意什么?

(1)垫层材料宜采用无杂物的中、粗砂,含泥量应小于5%,也可采用天然级配砂砾料,其最大粒径应小于50 mm,砾石强度不低于四级(即洛杉矶法磨耗率小于60%)。

(2)垫层宜分层摊铺压实,碾压到规定的压实度。垫层采用砂砾料时,应避免粒料离析。

(3)垫层宽度应宽出路基边脚500～1000 mm,两侧宜用片石护砌或采用其他方式防护。

(4)砂垫层施工时需放慢填筑速度,严格控制加荷速率,使地基有充分时间进行排水固结。

4207　什么是换填法?适用于哪些软基处理?

换填法是将软弱地基层全部挖除或部分挖除,用透水性较好的材料(如砂砾、碎石、钢渣等)进行回填。

换填法对于软基较浅、1～2 m 的泥沼地特别有效。但对于深层软基处理或要求沉降控制较严的路基、桥涵构造物、引道等，应考虑采用其他方法。

4208 采用换填法对软土地基进行处理时应如何实施？

(1)基底开挖深度在 2 m 以内可用推土机、挖掘机或人工直接清除至路基范围以外；深度超过 2 m 时，要由端部向中央分层挖除，并修筑临时运输便道，由汽车运载出坑。

(2)软土在路基坡脚范围以内全部清除。边部挖成台阶状再回填；路基穿过沼泽地需要清除路基坡角范围以内的软土。护坡道以外，对于小滑塌的软土，可挖成 1∶1～1∶2 的坡度，对于泥沼地区的淤泥质高压缩性软土可将护坡道加宽加高至沼泽地相平或高出。

(3)在第一类泥沼地区，路堤高度小于 3 m 时，应采取部分挖填的方法，换填深度一般超过 2 m，横向换填底宽应等于路基面宽；路堤高度大于 3 m 时，一般不予挖除。在第二类泥沼地区，泥沼深度小于 3 m 时，不论路堤高度多少，均应将泥沼全部挖除，换填渗水土，使路堤落到沼底；泥沼深度大于 3 m 时，应考虑部分换填和采取路堤两侧增建反压护道的措施，换填深度不得小于 3 m。在第三类泥沼地区，不论泥沼多深，路堤均应落到实底上或将泥炭皮挖除后，抛填片石沉落到沼底。

(4)换填料应选用水稳性或透水性好的材料。

(5)开挖与填筑可采用边挖边填，也可全部或局部清除后进行全部或局部回填，回填应分层填筑、压实。但应做好排水工作。

(6)压实时，由于非土方填料分层厚度不宜小，为达到较好的压实效果，可采用振动压路机和重型静力压路机（三轮压路机 12～15 t）。

4209 抛石挤淤施工时应注意什么？

抛石挤淤是在路基底部抛投一定数量片石，将淤泥挤出基底范围，以提高地基的强度。施工时应注意以下问题：

（1）应选用不易风化的片石，片石厚度或直径不宜小于300 mm。其大小，随泥炭或软土的稠度而定。

（2）软土地层平坦、软土成流动状时，填筑应沿路基中线向前成三角形方式投放片石，再渐次向两侧全宽范围扩展。当软土地层横坡陡于1∶10时，应自高侧向低侧填筑，并在低侧坡脚外一定宽度内同时抛填形成片石平台。

（3）片石抛填出软土面后，应用较小石块填塞垫平，宜用重型压路机反复碾压，然后在其上面铺反滤层，再行填土。

4210　常用来处理软基的土工合成材料有哪些？可起到什么作用？

（1）土工布，土工布铺设于路堤底部，在路基自重作用下受拉产生抗滑力矩，提高路基稳定性。土工布在软土地基加固中的作用包括排水、隔离、应力分散和加筋补强。

（2）土工格栅，土工格栅加固土的机理在于格栅与土的相互作用。一般可归纳为格栅表面与土的摩擦作用、格栅孔眼对土的锁定作用和格栅肋的被动抗阻作用。三种作用均能充分约束土的颗粒侧向位移，从而大大地增加了土体的自身稳定性，对土的加固效果，明显高于其他土工织物，可迅速提高地基承载力，加快施工进度，控制软基地段沉降量发展，缩短工期，使公路及早投入使用。

4211　土工合成材料在施工中应注意什么？

（1）土工合成材料在存放以及铺设过程中应避免长时间曝晒或暴露。与土工合成材料直接接触的填料中严禁含强酸性、强碱性物质。

（2）下承层应平整，摊铺时应拉直、平顺，紧贴下承层，不得扭曲、折皱。在斜坡上摊铺时，应保持一定松紧度。

（3）铺设土工合成材料，应在路堤每边各留一定长度，回折覆裹在已压实的填筑层面上，折回外露部分应用土覆盖。

（4）土工合成材料的连接，采用搭接时，搭接长度宜为300～

600 mm;采用缝接时,缝接宽度应不小于 50 mm,缝接强度应不低于土工合成材料的抗拉强度;采用黏结时,黏合宽度应不小于 50 mm,黏合强度应不低于土工合成材料的抗拉强度。

(5)施工中应采取措施防止土工合成材料受损,出现破损时应及时修补或更换。

(6)双层土工合成材料上、下层接缝应错开,错开长度应大于 500 mm。

(7)当铺设两层以上土工布时,层与层之间要夹 10~20 cm 的砂或砂砾垫层,以提高基底透水性。

4212 袋装砂井的施工有哪些规定?

(1)中、粗砂中大于 0.6 mm 颗粒的含量宜占总重的 50%以上,含泥量小于3%,渗透系数大于 5×10 mm/s。砂袋的渗透系数应不小于砂的渗透系数。

(2)砂袋露天堆放时应有遮盖,不得长时间曝晒。

(3)砂袋应垂直下井,不得扭结、缩颈、断裂、磨损。

(4)拔钢套管时如将砂袋带出或损坏,应在原孔位边缘重打。连续两次将砂袋带出时,应停止施工,查明原因并处理后方可施工。

(5)砂袋在孔口外的长度,应能顺直伸入砂垫层至少 300 mm。

4213 塑料排水板在使用时有什么要求?

(1)塑料排水板技术、质量指标应符合设计要求。露天堆放应有遮盖,不得长时间曝晒。

(2)现场堆放的塑料排水板,应采取措施防止损坏滤膜。

(3)塑料排水板超过孔口的长度应能伸入砂垫层不小于 500 mm,预留段应及时弯折埋设于砂垫层中,与砂垫层贯通,并采取保护措施。

(4)塑料排水板不得搭接。

(5)施工中防止泥土等杂物进入套管内,一旦发现应及时清除。

(6)打设形成的孔洞应用砂回填,不得用土块堵塞。

4214　采用砂桩处理软基时对砂子有什么要求?施工时应注意什么?

(1)砂子应采用中、粗砂,大于 0.6 mm 颗粒含量宜占总重的50%以上,含泥量应小于3%,渗透系数大于 5×10 mm/s。也可使用砂砾混合料,含泥量应小于5%。

(2)采用单管冲击法、一次打桩管成桩法或复打成桩法施工时,应使用饱和砂;采用双管冲击法、重复压拔法施工时,可使用含水率为7%~9%的砂;饱和土中施工可用天然湿砂。

(3)地面下 1~2 m 土层应超量投砂,通过压挤提高表层砂的密实程度。

(4)成桩过程应连续。实际灌砂量未达到设计用量时,应进行处理。

4215　加固土桩常采用哪些材料?对材质有什么要求?

(1)生石灰,其粒径应小于 2.36 mm,无杂质,氧化镁和氧化钙总量应不小于85%,其中氧化钙含量应不小于80%。

(2)粉煤灰,其二氧化硅和三氧化二铝含量应大于70%,烧失量应小于10%。

(3)水泥,宜用普通或矿渣水泥。

4216　采用粉体固化剂加固土桩时,应符合哪些规定?

(1)严格控制喷粉高程和停粉高程,不得中断喷粉,确保桩体长度;严格控制粉喷时间、停粉时间和喷入量。应采取措施防止桩体上下喷粉不匀、下部剂量不足、上下部强度差异大等问题,应按设计要求的深度复搅。

(2)当钻头提升到地面以下小于 500 mm 时,送灰器停止送灰,用同剂量的混合土回填。

(3)如喷粉量不足,应整桩复打,复打的喷粉量不小于设计用量。因故喷粉中断时,必须复打,复打重叠长度应大于1 m。

(4)施工设备必须配有自动记录的计量系统。

(5)钻头直径的磨损量不得大于10 mm。

4217 采用碎石桩处理软基时的施工工艺是什么?施工时应注意哪些问题?

碎石桩的施工主要是用振冲器、吊机或施工专用平车和水泵,将碎石加入振密。其工艺步骤为:整平地面→振冲器就位对中→成孔→清孔→加料振密→关机停水→振冲器移位。

(1)施工准备

包括整平地面及振冲器就位两项,主要是对场地进行平整并将振冲器对准桩位,打开水源和电源。检查水压、电压和振冲器的空载电流是否正常。

(2)成孔

启动吊机,使振冲器以1～2 m/min的速度在土层中徐徐下沉,当振冲器到达设计加固深度以上30～50 cm时可把振冲器往上提至孔口,提升速度可增至5～6 m/min,以清除孔壁泥块,防止“缩颈”。

(3)清孔

重复上述步骤。然后将振冲器停留在设计加固深度以上30～50 cm处,借循环水使孔内泥浆变稀,即清孔。清孔1～2 min以后将振冲器提出孔口,准备加填料。

(4)填料

往孔内倒入填料,将振冲器下放至填料中,进行振实,振冲器一方面将填料振密,另一方面使填料挤入孔壁的土中,从而使桩径扩大。随着填料的不断挤入,孔壁上的约束力逐渐增大,当约束力与振冲器产生的振力相等,桩径不再扩大时,继续振密。

振冲器电机的电流值迅速增大,当电流达到规定值时,认为该深度的桩体已经振密。如果电流达不到规定值,则需提出振冲器继续往孔内倒一批填料，然后再下降振冲器继续进行振密。如此重复操作，直至该深度的电流达到规定值为止。

(5)表层清理

加固区碎石桩全部完成后，应进行表层清理。将桩顶部约1 m范围内的桩体挖去，或者用振动碾使之压实，若采用挖除的办法，对施工前的地面高程和桩顶高程要事先测量放样。

4218 采用强夯处理软土地基时，其施工应注意什么问题？

(1)应采取隔振、防振措施消除强夯对邻近建筑物的有害影响。

(2)施工前应选择有代表性并不小于500 m的路段进行试夯，确定最佳夯击能、间歇时间、夯间距等参数。夯击次数应按现场试夯得到的夯击次数和夯沉量关系曲线确定。

(3)垫层材料应采用透水性好的砂、砂砾、石屑、碎石土等。

(4)夯击前，应对夯点放样并复核，夯完后检查夯坑位置，发现偏差或漏夯应及时纠正。

(5)施工过程中应记录每个夯点的夯沉量，原始记录应完整、齐全。

4219 软土地区路基的稳定性观测应如何实施？

(1)一般路段沿纵向每100～200 m设置一个观测断面，同时，每一路段应不少于3个断面；桥头路段应设置2～3个观测断面；桥头纵向坡脚、填挖交界的填方端、沿河等特殊路段均应增设观测点。

(2)位移观测边桩，应根据需要埋设在路堤两侧坡脚或坡脚以外3～5 m处，并结合稳定分析，在预测可能的滑裂面与地面的切面位置布设测点，一般在坡脚以外1～10 m范围内设置3～4个位移边桩。同一观测断面的边桩应埋在同一横轴线上。边桩应埋置稳固。

(3)校核基点四周必须采用保护措施，并定期与工作基点桩校核。

(4)地面位移观测仪器要求:测距精度±5 mm,测角精度 2″。

(5)沿河、临河等凌空面大而稳定性很差的路段,必要时需进行地基土体内部水平位移的观测。

4220 软土地区路基的沉降观测应如何进行?

(1)在施工路段的原地面上一般埋设沉降板进行高程观测。沉降板埋置于路基中心、路肩及坡趾的基底。

(2)沉降板观测仪器要求:往返水准测量精度 1 mm/km。

(3)用于观测水平位移标点桩、校核基点桩亦同时用于沉降观测,埋设于坡趾及以外的标点边桩一般兼测地面沉降。

(4)堆载预压期间观测应视地基稳定情况而定,一般情况下,第一个月每 3 d 观测 1 次,第二、三个月每 7 d 观测一次,从第四个月起每 15 d 观测 1 次,直至预压期结束。

第三节 红黏土地区路基施工

4301 什么是红黏土?有什么样的工程特性?

红黏土是指碳酸盐类岩石,经黏红土化作用后形成的红色的残、坡积类型的黏性土。是母岩经物理、化学风化后的产物。红黏土的粘粒组分含量高,一般可达 55%~70%,黏土颗粒主要是高岭石和伊利石类黏土矿物为主,粒度较均匀,分散性较高。液限一般为 50%~80%,塑限为 30%~60%,塑性指数一般为 20~50。天然含水率一般为 30%~60%,饱和度>85%。

工程性质与当地气候植物带、土的成因、母岩、红黏土化程度及地貌等因素有关。主要表现为高含水率、高塑性、高孔隙比、低密度、压实性差等特点,但同时又具有高强度、中低压缩性等良好力学特性。采用红黏土填筑路基时会造成路基变形较大,变形稳定时间长,容易开裂。

4302　红黏土用作路基填料时常用的工程技术措施有哪些？

(1)垫层置换法，路堑地段的红黏土路基，一般位于红黏土土坡、丘的下部，含水率往往超过了最佳含水率，因此很难达到96%的压实度。当施工期间的气候条件不利时，可采用垫层换填处理，即将路基基底超挖不小于30 cm的厚度，改用其他好黏土、砂土、灰土、粉煤灰等材料铺填碾压密实后形成置换垫层，并做好防水处理，然后再在其上进行路面工程施工。这样不仅解决压实度的问题，进一步提高路基强度，而且可以消除红黏土的膨胀性对路面的影响。

(2)掺石灰改良，对不适宜作路堤填料的红黏土可通过掺加3%～5%石灰进行土性的改良。对路堑地段的路基，也可将基底翻松，然后洒石灰水或消石灰，并随即压实来消除红黏土的膨胀性。当石灰掺入到红黏土中后，石灰就会增大了土中的pH值。石灰中Ca^{2+}可将高岭石、伊利石等黏土矿物吸附的Mg^{2+}、K^{+}、Na^{+}交换出来，从而减少了土的塑限，土的含水率降低，胶体老化，塑性减小，红黏土的胀缩性也随之消除。

(3)掺水泥改良，方法、原理与掺石灰改良法类似。

(4)掺固化剂改良。固化剂与土颗粒接触后会发生一系列物理化学变化，生成富含结晶水的物质，一方面可吸收土孔隙中的结合水和自由水，降低土体的含水率，另一方面加强黏粒之间的连接，提高土体的塑性，改善土体稠度，增加其可压实性。

(5)砂石、粉煤灰等瘦化剂改良法，在红黏土中加粗砂、碎石、石屑、粉煤灰、矿渣等瘦化剂也可大大降低红黏土的液限，减少其塑性，达到土性改良的目的。由于这些瘦化剂材料与红黏土的均匀拌和不易实现，耗费工时，因此在实践中可采用分层摊铺，即每30～40 cm厚的红黏土，上铺8 cm左右的瘦化剂，而后碾压密实，使每30～40 cm厚的黏土层顶部都形成10 cm左右厚的“土结石”层。

4303 掺灰(水泥或石灰)法改良红黏土的施工应如何进行?

(1)取土并运至填方路段,以 10 m 为一断面,在路基两侧挂线控制松铺厚度。

(2)用推土机进行摊铺,粗平后人工撒布水泥或石灰,用路拌机拌和。

(3)再用推土机摊铺粗平,平地机精平并配合人工调平。平整时,每 20 m 埋设中桩,并标记松铺厚度,控制松铺厚度不超过 30 cm。

(4)严格控制现场填料的含水率,当含水率在最佳含水率±2%范围内时,进行碾压。

(5)碾压应由轻到重、由慢到快、由边到中进行,可先静压一遍,再弱振 1 遍、强振 6 遍,最后稳压一遍。

4304 在红黏土地区零填、挖方路段应采取哪些防排水措施?

(1)采用综合排水体系,使危害路基性能及稳定的地面水、地下水能顺畅排走,防止积水浸泡路基、地下水侵入路基。

(2)红黏土路堑边沟较一般路段应适当加深,边沟深度不小于 80 cm,边沟采用浆砌片石固化。为增加行车安全性,边沟顶部可用盖板覆盖。

(3)路堑顶部设置截水沟,防止水流冲蚀坡面、渗入坡体。

(4)台阶式高边坡,应在每一级平台内侧设截水沟,以截取上部坡面水。

4305 红黏土路基最常见的病害是什么?哪些因素与这种病害相关?

具有胀缩性的红黏土填筑路堤最常见的病害是形成于路基表面和边坡坡面的收缩裂缝。收缩裂缝的发育程度与土性、填料的含水率、含水率的均匀性、气候条件以及胀缩循环的次数关系密切。

土的膨胀性越强，失水后的收缩性也越强，即裂缝越发育；气候越干燥、填料的含量越高、水分在土中分布越不均匀，其裂隙也越发育；红黏土经历的胀缩循环次数越多，土的结构强度就越低，其收缩裂隙越发育。

4306　为控制红黏土路基的开裂？可采取哪些工程措施？

（1）连续施工，避免已压实路基表面因暴露时间较长，风干失水出现龟裂。

（2）对已开裂的填筑层，翻松、洒水、重新压实，然后及时覆盖。

（3）对已压实的红黏土路基，如因故不能及时进行上路床、路面等上部结构层施工时，可在压实路基顶面采取封层覆盖处理，如在路面下用两布一膜复合土工布覆盖，而后在其上及时铺设一层10 cm厚的中细砂保护层，平整碾压，并形成4%的排水横坡再填筑上部基床材料，达到保温隔离和防止表面开裂的目的。

（4）在红黏土路基顶层采用胀缩性很小的黏土或碎石、砂砾及粉煤灰等无机颗粒材料填筑。

（5）对红黏土路堤边坡，采用非胀缩性的黏土作为包边土，包边土厚1.5 m左右，夯实后防止坡面开裂及地表水的渗入。

（6）对于高路堤也可采用土工格栅加固边坡，约束红黏土的侧向膨胀。

4307　红黏土路堤填筑有哪些规定？

（1）应尽量避免雨季施工。雨季施工时，应防止松土被雨淋湿。施工中应保持作业面横坡不小于3%。雨后作业面，应经晾干且重新压实合格后方可进行下道工序的施工。

（2）填料应随挖随用。摊铺后必须及时碾压，做到当天摊铺当天完成碾压。

（3）路堤填筑应连续，碾压完成后，应采取措施防止路堤作业面曝晒失水。

4308 包边法施工应符合哪些规定?

(1)包边材料应为透水性较小的低液限黏土、石灰土等,CBR应符合施工规范的规定。严禁用粉土、砂土等低塑性土包边。

(2)分层填筑时,先摊铺包边土,后摊铺红黏土。碾压前,应控制两种填料的各自含水率,使两种填料在同一压实工艺下能达到压实标准。包边土的压实度应符合施工规范的规定。

(3)碾压应从两边往中间进行,对不同填料的结合处要增加碾压遍数1～2遍。

(4)超高弯道的碾压应自低处向高处进行。

(5)对于高路堤,可以采用土工格栅加固边坡,约束红黏土的侧向膨胀。将土工格栅分层摊铺,同过湿的红黏土一道填筑压实,土工格栅沿横断面横向铺设宽度不小于2 m,铺网垂直间距为两层填土压实厚度,土工格栅应反包坡面,并用U型钉固定,并种植草皮,良好的草皮覆盖,能有效抑制坡面开裂。

4309 为防止红黏土路堑边坡失稳,红黏土路堑的设计与施工应采取哪些措施?

(1)挖方路基设计应注意复浸水Ⅰ类红黏土的开挖面土体干缩导致裂隙发展及复浸水使土质产生变化的不利影响。边坡稳定性分析计算宜采用饱水剪切试验和重复慢剪试验等强度指标,对于裂隙发育的土应采用三轴剪切试验或无侧限抗压强度试验指标,必要时,可进行收缩试验和复浸水试验。

(2)挖方边坡高度不宜超过20 m,路堑边坡设计应遵循“缓坡率、宽平台、固坡脚”的原则。

(3)当边坡高度超过6 m时,挖方路基应采用台阶式断面,若地形允许,宜放缓边坡。

(4)加强路基排水系统的施工,及时引排地面水和地下水。根据地下水发育情况,可设置排水孔、支撑渗沟等。

(5)对路堑路床0.8 m范围内的高液限红黏土进行超挖,并换填渗水性好的砂砾、碎石土。

(6)加强路堑边坡坡面防护剂加固的施工，做好骨架植物防护剂支挡工程。

第四节　膨胀土地区路基施工

4401　膨胀土有哪些基本特征?

具有较大吸水膨胀、失水收缩特性的高液限黏土称为膨胀土。膨胀土黏性成分含量很高，黏粒成分主要由矿物组成，如蒙脱石、伊利石等，是一种特殊膨胀结构的黏质土。其中 0.002 mm 的胶体颗粒一般超过 20%，土的液限 $W_L>40\%$，塑性指数 $L_p>17$，多数在 22～35 之间。自由膨胀率一般超过 40%。

按工程性质膨胀土分为强膨胀土、中等膨胀土、弱膨胀土三类。强膨胀土呈灰白色、灰绿色，黏土细腻、滑感特强、网状法裂隙极发育、有蜡面、易风化呈细状、鳞片状等；中膨胀土以棕、红、灰色为主，黏土中含少量粉砂、滑感极强、裂隙较发育、易风化成碎粒状、含钙质结核等：弱膨胀土以黄褐色为主，黏土中含有较多粉砂、有滑感、裂隙发育、易风化呈碎粒状、含较多钙质或铁锰结核等。

4402　膨胀土对路基工程有哪些破坏作用?

膨胀土对公路路基及工程建筑有较强的潜在破坏作用。膨胀土地区的路堤会出现沉陷、边坡溜塌、路肩拥塌和滑坡等变形破坏。路堑会出现剥落、冲蚀、溜塌和滑坡等破坏。

(1)沉陷变形

膨胀土初期结构强度较高，在施工时不易粉碎及压实，但路堤建成后由于大气物理风化作用和湿胀干缩效应，土块崩解，在路面、路基自重及汽车荷载作用下，路堤极易产生不均匀下沉，如伴随有软化挤出则可产生很大的沉陷量。路堤愈高，沉陷量愈大、愈普遍，导致路面平整度下降，严重时可使路面变形破坏。

(2)滑坡

滑坡具有弧形外貌，有明显的滑床，滑床后壁陡直，前缘比较平缓，主要受裂隙控制。滑坡多呈牵引式出现，具叠瓦状，成群发生，滑体呈纵长形，有的滑坡从坡脚可一直牵引到边坡顶部，有很大的破坏。滑体厚度大多具有浅层性，一般为1.0～3.0 m，多数小于6.0 m，与大气风化作用层深度、土的类型、土体结构密切相关，而与边坡的高度和坡度并无明显关系。

(3)溜塌

边坡表层，强风化层内的土体吸水过饱和，在重力与渗透压力的作用下，沿坡面向下产生塑流状溜塌现象，这是膨胀土边坡表层最普遍的一种病害，常发生在雨季，与边坡坡度无关，溜塌上方有弧行小坎，无明显裂缝与滑面，塌体移动距离较短，且很快自行稳定于坡面，厚度受风化层控制多在1.0 m以内，不超过1.5 m。

(4)纵裂

路肩部位常因机械碾压不到，使填土达不到要求的密实度，因而后期沉降量相对较大。又因路肩临空，对大气物理作用特别敏感，干湿交替频繁，肩部土体失水收缩远大于堤身，故在路肩上常发生顺路线方向的开裂，形成数十米甚至上百米的张开裂缝，缝宽约2.0～4.0 cm，大多距路肩外缘0.5～1.0 m。

(5)坍滑

边坡浅层膨胀土体在湿胀干缩效应与风化作用影响下，由于裂隙切割以及水的作用，土体强度衰减，丧失稳定，沿一定滑面整体滑移并有坍落现象。坍滑多发生在雨季，滑面清晰并有擦痕，滑体裂隙密布，多在坡脚或软弱的夹层处滑出，若继续发展，可牵引形成滑坡，厚度多为1.0～3.0 m，一般在风化作用层。

4403 如何对膨胀土进行判定？

目前比较广泛采用的是现场定性和室内简易定量指标相结合的方法，即根据工程地质特征及土的自由膨胀率指标综合判定。

(1)工程地质特征具有以下特点：

1)裂隙发育,常有光滑面与擦痕,有的裂隙中充满灰白色,灰绿色黏土,在自然条件呈硬塑状态;

2)多出现于二级或二级以上阶地、山前丘陵和盆地边缘,地形平缓,无明显自然陡坡;

3)常见浅层滑坡、地裂、新开挖槽壁易发生坍塌等;

4)结构物裂隙随气候变化而张开或闭合。

(2)室内试验定量指标主要有:膨胀土的黏粒含量、自由膨胀率、胀缩总率(土在 50 kPa 压力下的膨胀率与收缩率之和),具体见表 4-1。

表 4-1 膨胀土特性

分类	大于 0.002 m 黏粒含量(%)	液限 W_L(%)	胀缩总率(%)	自由膨胀率(%)
强膨胀土	>50	>48	>4	>90
中膨胀土	30~50	40~48	2~4	65~90
弱膨胀土	<35	<40	0.7~2	40~65

4404 膨胀土作为填料时应符合哪些规定?

(1)强膨胀土不得作为路堤填料。

(2)中等膨胀土经处理后可作为填料,用于二级及二级以上公路路堤填料时,改性处理后胀缩总率应不大于 0.7%。

(3)胀缩总率不超过 0.7%的弱膨胀土可直接填筑。

4405 当基底为膨胀土时应如何处理?

(1)高度不足 1 m 的路堤,应按设计要求采取换填或改性处理等措施处治。

(2)表层为过湿土,应按设计要求采取换填或进行固化处理等措施处治。换填可采用碎砾石土、砂砾或利用挖方坚硬岩石碎渣;固化处理可将土翻开,掺石灰稳定并按规定压实。

(3)填土高度小于路面和路床的总厚度,基底为膨胀土时,宜挖除地表 0.30～0.60 m 的膨胀土，并将路床换填为非膨胀土或掺灰处理。若为强膨胀土，挖除深度应达到大气影响深度。

4406 膨胀土地区路基施工有哪些基本要求？

(1)膨胀土地区路基施工，应避开雨季作业，加强现场排水，基底和已填筑的路基不得被水浸泡。

(2)膨胀土地区路基应分段施工，各道工序应紧密衔接，连续完成。路基边坡按设计要求修整，并应及时进行防护施工。

(3)膨胀土路基填筑松铺厚度不得大于 300 mm，土块粒径应小于 37.5 mm。

(4)填筑膨胀土路堤时，应及时对路堤边坡及顶面进行防护。

(5)路基完成后，当年不能铺筑路面时，应按设计要求做封层，其厚度应不小于 200 mm，横坡不小于 2%。

(6)可用接近最佳含水率的中等膨胀土填筑路堤，但两边边坡部分要用非膨胀土作为封层。路堤顶面也要用非膨胀土形成包心填方。挖方地段当挖到距路床顶面以下 30 cm 时，应停止向下开挖，并挖好临时排水沟。待作路面时，再挖至路床顶面以下30 cm，并用膨胀土回填，并按要求压实。

(7)在路堤与路堑交界地段，应采用台阶方式搭接，其长度不应小于 2 m，并碾压密实。

4407 膨胀土地区路堑施工有什么基本规定？

(1)路堑施工前，先施工截、排水设施，将水引至路幅以外。

(2)边坡施工过程中，必要时，宜采取临时防水封闭措施保持土体原状含水率。边坡不得一次挖到设计线，应预留厚度 300～500 mm，待路堑完成时，再分段削去边坡预留部分，并立即进行加固和封闭处理。

(3)路床底标高以下应按照设计要求进行处理。膨胀土地区的路堑，高速公路、一级公路的路床应超挖 30～50 cm，并立即用粒料或非膨胀土分层回填或用改性土回填，按规定压实，其他各级公路可用膨胀土掺石灰处治。

(4)宜用支挡结构对强膨胀土边坡进行防护。支挡结构基坑应采取措施防止曝晒或浸水,基础埋深应在大气风化作用影响深度以下。

4408　处理膨胀土路基的换土法具体指什么？换土深度如何考虑？

换土是膨胀土路基处理方法中最简单而且有效的方法,顾名思义换土就是挖除膨胀土,换填非膨胀土或砂砾土。换土深度根据膨胀土的强弱和当地的气候特点确定。在一定深度以下,膨胀土的含水率基本不受外界气候的影响,该深度称之为临界深度,该含水率称之为该膨胀土在该地区的临界含水率。由于各地的气候不同,各地膨胀土的临界深度和临界含水率也有所不同。换土深度要考虑受地面降水影响而使土体含水率急剧变化的深度,基本上在 1～2 m,即强膨胀土为 2 m,中、弱膨胀土为 1～1.5 m,具体换土深度要根据调查后的临界深度来确定。

4409　湿度控制法如何控制膨胀土的膨胀性？

湿度控制法包括预湿和保持含水率稳定。为控制由于膨胀土含水率变化而引起的胀缩变形,尽量减少路基含水率受外界大气的影响,需在施工中采取一定的措施。如利用土工布或黏土将膨胀土路基进行包封,避免膨胀土与外界大气直接接触,尽量减少膨胀土内部的湿度迁移。水利工程建设中经常采用膨胀土预湿法,用水浸泡地基土或覆盖非膨胀土,以达到膨胀土的湿度平衡。

4410　改性处理法消除膨胀土膨胀性的机理是什么？

改性处理就是在膨胀土体内均匀掺入固化材料,使膨胀土的物理、化学性质发生变化,以达到降低膨胀土膨胀潜势、增加强度和提高水稳性的目的。固化材料一般采用石灰、水泥或 NCS 固化材料,现以石灰为列进行机理分析:

膨胀土中掺入石灰遇水后发生反应($CaO + H_2O =$

$Ca(OH)_2$），生成氢氧化钙。氢氧化钙具有可溶性碱的通性。它容易和空气中的二氧化碳结合生成碳酸钙晶体（$Ca(OH)_2+CO_2=CaCO_3+H_2O$），而结成硬块，且碳酸钙本身就是一种非膨胀矿物，对提高强度，减小土的胀缩性起主要作用。

4411 灰土桩挤密法是如何处理弱膨胀土的？

灰土桩挤密法是用沉管、冲击或爆炸等方法在地基挤土，形成28～60 cm的桩孔，然后向孔内夯填灰土，形成灰土桩。成孔时桩孔部位的土被侧向挤出，从而使桩间土得到挤密。另外，对灰土桩而言，桩体材料石灰和土之间产生一系列物理和化学反应，凝结成一定强度的桩体。灰土桩挤密法主要用来加固处理弱膨胀土路基。

灰土桩在桩管入土时产生水平挤压位移，桩周形成硬壳。桩管拔出后，桩间土部分松弛回弹。在桩孔填料夯实后，对桩壁再次产生水平挤压，使回弹土体再次挤回到硬壳层内。加之灰土与挤密土接触面凹凸不平，且硬化后的灰土具有一定的抗剪强度和抗弯强度。灰土桩在沉管挤密成孔。分层夯实灰土成桩过程中，灰土置换原孔位处的天然土，对提高路基承载力起补强作用。

第五节 黄土地区路基施工

4501 什么是黄土？有什么样的工程特性？

黄土是一种以粉粒为主，富含碳酸盐，具有多孔隙及垂直节理，天然含水率小，呈黄红色，含钙质的黏土。黄土的工程特性是：垂直渗透性远较水平方向大；各向抗剪强度有明显差别；易遭冲刷和冲蚀；具有湿陷性质；干燥状态下黏聚强度较大，可形成较陡边坡。

4502 黄土的湿陷性指什么？对工程有什么危害？

黄土的湿陷性是在外荷载或自重的作用下受水浸湿后，土体结构发生迅速破坏而产生显著下沉的特性。湿陷性黄土根据上覆应力的性质分为自重湿陷性黄土和非自重湿陷性黄土两类，前者是指那些在自重压力下浸水湿陷的黄土，这种黄土浸水后对路基危害极大，后者是指在自重压力下浸水不发生湿陷，只有在一定附加荷重下浸水才会湿陷的黄土。

黄土的湿陷性对路基工程的主要危害是：边坡易出现剥落、冲刷、滑坍、崩坍、流泥，路堤易发生沉陷、表面滑溜、局部滑坍及路面裂缝等。

4503　黄土路基基底处理应符合哪些规定？

(1)若基底为非湿陷性黄土，且无地下水时，可按普通路基的规定进行基底处理。

(2)若地基为一般湿陷性黄土，应采取措施拦截、排除地表水。地下排水构造物与地面排水沟渠必须采取防渗措施，路侧严禁积水。

(3)若地基黄土具有强湿陷性或较高的压缩性，应按设计要求进行处理。

4504　黄土填筑路堤应符合什么规定？

(1)黄土地区路基施工，应做好施工期排水，将水迅速引离路基。在填挖交界处引出边沟时，应做好出水口的加固，排水设施接缝处应坚固不渗漏。

(2)路床填料不得使用老黄土。路堤填料不得含有粒径大于100 mm的块料。

(3)在填筑横跨沟堑的路基土方时，应做好纵横向界面的处理。

(4)黄土路堤边坡应拍实，并应及时予以防护，防止路表水冲刷。

(5)浸水路堤不得用黄土填筑。

4505 黄土路堑施工应符合哪些规定?

(1)路堑路床土质应符合设计要求,密实度不足时,应采取措施碾压至要求的压实度。

(2)路堑施工前,应做好堑顶地表排水导流工程。路堑施工期间,开挖作业面应保持干燥。

(3)路堑施工中,如边坡地质与设计不符,可提出修改边坡坡度。

4506 黄土路堑边坡有几种基本形式?

(1)直线形。适用于多层黄土边坡,坡高小于 12 m;也适用于单层均质疏松黄土边坡,坡高小于 18 m;单层均质密实黄土边坡,坡高小于 24 m。

(2)折线形。适用于坡高在 12～24 m 的均质或非均质黄土边坡。

(3)阶梯形。适用于坡高大于 18 m 的黄土高边坡和强振区的较高黄土边坡。

4507 黄土陷穴的处理可采取哪些措施?

(1)路基范围内的陷穴,应在其发源地点对陷穴进口进行封填,并截排周围地表水。

(2)现有的陷穴、暗穴,可采用灌砂、灌浆、开挖回填、导洞和竖井等措施进行填充。

(3)陷穴表面的防渗处理层厚度不宜小于 300 mm,并将流向陷穴的附近地面水引离。

(4)挖方边坡顶以外 50 m 范围内、路堤坡脚以外 20 m 范围内的黄土陷穴宜进行处理。挖方边坡顶以外的陷穴,若倾向路基,应作适当处理。对串珠状陷穴应彻底进行处治。

4508　黄土路基排水应如何施做？

(1)路基排水系统由边沟、截水沟、泄水槽、急流槽、渗(盲)沟及桥涵结构物等组成，排水系统均采用浆砌片石或混凝土预制材料，排水沟构造物底部设置 15 cm 厚度的 2∶8 灰土(体积比)，边沟的灰土垫层下铺设涂沥青的土工布，以防渗水。

(2)路堑边沟底部设纵向碎石渗沟(深度 60 cm、宽度同边沟底宽度)。

(3)路基排水系统与自然地表排水系统必须通畅连接；边沟必须设置到冲沟底部排水沟内，禁止边沟于桥头或冲沟坡顶截止；挖方段要保证截水沟、平台流水槽、边坡急流槽的设置数量、长度及边沟的顺畅连接，保证顺利排水。

4509　黄土产生湿陷性的机理是什么？

湿陷性黄土是指在一定压力下受水浸湿，土结构迅速破坏，并产生显著附加下沉的黄土。它的这种特性，会对建筑物带来不同程度的危害，使建筑物大幅度沉降、折裂、倾斜，严重影响其安全和使用。

黄土是在干旱和半干旱条件下形成的，在干旱少雨的条件下，由于蒸发量大，水分不断减少，盐类析出，胶体凝结，产生了加固黏聚力，在土湿度不很大的情况下，上覆土层不足以克服土中形成的加固黏聚力，因而形成欠压密状态，一旦受水浸湿，加固黏聚力消失，就产生湿陷。

4510　处理黄土湿陷性采用的垫层法是什么方法？适用于什么情况下使用？

垫层法即换土垫层法，是将基础底面以下一定范围内的软弱土局部或全部挖去，换填低压缩性高强度的素土、灰土、石灰粉煤灰、粉煤灰、砂、碎石、干渣以及其他性能稳定、无浸蚀性的材料，经分层夯实、振实、碾压密实作为地基持力层。垫层法消除了垫层范围内的湿陷性，减轻或避免了地基因附加压力产生的湿陷，可以使地基的自重湿陷表现不出来。这种方法施工简易，效果显著，是一种常用的地基浅层处理或部分湿陷性处理方法。

该方法适用于地下水位以上，当建筑物基础下持力层比较软弱，不能满足上部荷载对地基要求，或为了消除黄土地基部分湿陷性时，局部或整片处理，可处理的湿陷性黄土层的厚度为1～3 m。

4511 垫层法处理黄土湿陷性施工中应注意什么问题？

(1)地基土的含水率，对于含水率较大，或曾局部基坑进水者，要采取相应的措施(如凉晒等)，严格控制灰土(或素土)的最佳含水率，对接近最佳含水率时，宁小勿大，偏大时土体强度则显著下降，变形明显增大。

(2)垫层处理的宽度要达到规范要求，使碾压设备能充分碾压到位，不使形成的垫层压实度产生差异。

(3)严把质量关，施工中碾压分层的厚度不宜大于30 cm，并逐层检测压实度，小于或等于3 m的土(或灰土)垫层，压实系数不应小于0.95，大于3 m的土(或灰土)垫层，其超过3 m部分的压实系数不应小于0.97。

4512 什么是重锤夯实法？

重锤夯实法是利用小型起重机，将重锤提升到一定高度后，让锤自由下落，重复夯实地基，达到压实作用。该法可以夯实浅层土地基，使地基表面形成一层较为均匀的硬壳层，从而提高地基表层土的强度。一般适用于处理地下水位0.8 m以内稍湿的杂填土、湿陷性黄土、黏性土等。当要求消除湿陷性的黄土层厚度为1～2 m时，宜采用重锤夯实法。

4513 什么是强夯法？适用于什么时候采用？

强夯法是用大吨位起重机，将巨型锤提至空中，从8～25 m高处自由下落，形成巨大的冲击能与冲击波，在夯锤接触地面的瞬间，强制压实与振密地基。在夯击中所产生的冲击波和动应力，可提高土的强度，降低土的压缩性，改善砂土的振动液化条件，消除湿陷性。同时还能提高土层的均匀程度，减少将来可能出现的差异沉降。该法设备简单，原理直观，适用广泛，特别是对非饱和土加固效果显著。这种方法加固地基速度快，效果好，投资省，是当前最经济简便的地基加固方法之一。

该方法适用于地下水位以上，饱和度小于等于 60％的湿陷性黄土，局部或整片处理，可处理的湿陷性黄土层的厚度为 3～12 m。

4514　强夯法施工中应注意哪些问题?

(1)首先在设计阶段，应考虑湿陷性黄土处于哪一种类别、等级，以及场地等因素，因为强夯的夯击能量，夯点布置，夯击深度，夯击次数和遍数等因场地而异，土的含水率、孔隙比及夯击的单位面积夯击能对湿陷性黄土的强夯有效加固深度起着重要的作用。在经过试夯后确定出设计参数，确定施工设计方案，因此不经试夯确定施工参数往往会给工程造成后患。

(2)由于强夯影响深度内土的含水率差异，会导致局部处理效果不佳，对于此种情况必须采取土的增湿或减湿措施以免出现橡皮土情况。如有此种情况，应立即停止夯击，当凉晒一定时间后，在夯击坑内加入碎石类的粗骨料，继续夯击。

(3)施工中在控制关键工序上严把质量关，因为一份设计提供后，锤重、落距、夯点布置等是没有随意性的，而唯一可能被人为改变的是夯击次数，因在试夯时根据最后夯击的沉降量来确定夯击次数的，当别的参数已确定后，它就成为影响处理的唯一因素，所以施工中应以它为质量控制的关键工序管理点。

(4)检查强夯施工记录，基坑内每个夯点的累计夯沉量，不得小于试夯时各夯点平均夯沉量的 95％；隔 7～10 d，在每 500～1 000 面积内的各夯点之间任选一处，自夯击终止时的夯面起至其下 5～12 m 深度内，每隔 1 m 取 1～2 个土样进行室内试验，测定土的干密度、压缩系数和湿陷系数；强夯土的承载力，宜在地基强夯结束 30 d 左右，采用静载荷试验测定。

4515 什么是挤密法？适用于什么情况下使用？

挤密法是指用沉管、冲击、夯扩、爆破等方法成孔，然后用填料，如素土、灰土、粉煤灰、碎石土、水泥土等分层回填夯实的一种地基处理方法。当以消除地基湿陷性为主要目的时，宜采用土桩、碎石桩；当以消除湿陷性，降低压缩性，提高承载力为主时，宜采用灰土挤密桩。

该方法适用于地下水位以上且饱和度小于等于 65％的湿陷性黄土，可处理的湿陷性黄土层厚度为 5～15 m，黄土含水率介于 14％～23％的黄土地基或人工填土地基。

它具有较好的承载力和较小的变形，技术可靠、施工简便、工期短、适应性强，且就地取材、费用较低，比换土垫层节约造价一半以上。但由于采用人工挖井及人工夯填灰土，劳动强度大

4516 挤密法施工中应注意什么问题？

(1)在地基处理施工前，应在现场选择有代表性的地段进行试验或试验性施工，试验结果应满足设计要求，并应取得必要的参数再进行地基处理施工。

(2)孔底在填料前必须夯实，填料时宜分层回填夯实，其压实系数不宜小于 0.97。

(3)成孔挤密，应间隔分批进行，孔成立后应及时夯填，当为局部处理时，应由外向里施工。

(4)预留松动层的厚度：机械挤密，宜为 0.50～0.70 m；爆扩挤密，宜为 1～2 m。冬季施工可适当增大预留松动层厚度。

(5)挤密地基，在基底下宜设置 0.50 m 厚的灰土(或土)垫层。

(6)孔内填料的夯实质量，应及时抽样检查，其数量不得少于总孔数的 2％，每台班不应少于 1 孔。在全部孔深内，宜每 1 m 取土样测定干密度，检测点的位置应在距孔心 2/3 孔半径处。孔内

填料的夯实质量，也可通过现场试验测定。

(7)对重要或大型工程，还应在处理深度内，分层取样测定挤密土及孔内填料的湿陷性及压缩性；在现场进行静载荷试验。

4517　采用强夯消除黄土湿陷性时，层厚、布点等有什么要求？

(1)分层厚度：强夯压实要求分层进行。分层厚度 5.0 m 左右，高度 20 m 以内分四层进行，底层稍厚，但不超过 5.5 m，面层稍薄，一般为 4.0 m。

(2)各层夯点间距布置。错位布置。夯点间距 4.5 m×4.5 m。

(3)在有结构物如涵洞、挡墙等附近作业时，涵背、墙背 6 m 范围填石以碾压法施工，强夯施工一定要远离涵墙、挡土墙外 6 m 作业，以保证结构物安全。

第六节　盐渍土地区路基施工

4601　什么是盐渍土，有哪些分类方法？

盐渍土是盐土和碱土以及各种盐化、碱化土壤的总称。其盐分来源于矿物风化、降雨、盐岩、灌溉水、地下水以及人为活动，盐类成分主要有钠、钙、镁的碳酸盐、硫酸盐和氯化物。在公路工程中，地表以下 1.0 m 范围内易溶盐含量平均大于 0.3%的土称为盐渍土。

盐渍土按含盐性质分为氯盐渍土(氯离子含量大于 2 mg/100 g)、亚氯盐渍土(氯离子含量在 1 mg/100 g～2 mg/100 g 之间)、亚硫酸盐渍土(硫酸根离子含量 0.3 mg/100 g～1 mg/100 g 之间)、硫酸盐渍土(硫酸根离子含量小于 0.3 mg/100 g)、碳酸盐渍土(碳酸根离子含量大于 0.3 mg/100 g)。

盐渍土按盐渍化程度分为弱盐渍土、中盐渍土、强盐渍土、过盐渍土。

4602　氯化物盐渍土有什么样的工程特性？

(1)土的液、塑限随着含盐量的增大而减小，需在低含水率下压实。

(2)湿化后密度降低，强度丧失快；干后有黏固性，使得土很硬。

(3)含盐量多，有结晶时压实后遇水，出现孔隙空洞。所以压实时注意含盐量。最佳含盐量5%～8%(轻型标准)；3%～6%(重型标准)。

(4)结晶时体积不变化。不会出现盐胀导致土体结构破坏。

4603　硫酸盐类盐渍土有什么样的工程特性？

(1)土的液、塑限随着含盐量增大而增大，压实时需较大含水率。

(2)湿化强度降低，含盐量越大，强度降低越多，干时黏固性小。

(3)密实度随含盐量的增加而降低，当含盐量超过2%时，松胀严重。

(4)结晶时体积膨胀。

若土中含有氯盐和硫酸盐，则性质介于二者之间。

4604　碳酸盐渍土有什么样的工程特性？

(1)液、塑限随含盐量的增加而增大，故压实时需较大含水率。

(2)密实度随含盐量的增加而降低，最佳含水率随含盐量的增加而增大。Na_2CO_3含量超过0.5%时，膨胀量显著增大。

(3)湿化强度降低不明显，干时黏固性大。

(4)吸附性Na^+多，因此，膨胀厉害，不透水，毛细现象不明显。

4605　盐渍土对路基有哪些危害？

盐渍土中氯盐、硫酸盐受水浸时易溶解，可形成雨沟、洞穴、湿陷等病害，冬季冻胀、盐胀形成鼓包、开裂，夏季溶蚀、翻浆。

(1)盐胀：在低温作用下，盐分吸水结晶，体积膨胀，致使路基、路面出现鼓胀开裂，路肩以及边坡松散剥蚀；

(2)溶陷:在高温的作用下,结晶体失去水分,体积减小,路基密实度减小,在荷载的作用下,路基、路面易出现塌陷变形;

(3)冻胀:氯盐含量在一定范围内冰点降低,水分聚流时间长,加重冻胀,但含盐量更多时,不产生冻胀或只产生轻冻胀;硫酸盐渍土对冻胀的影响不如氯盐渍土显著;碳酸盐渍土透水性差,可减轻冻胀。

(4)翻浆:氯盐渍土聚冰多,且液、塑限低,蒸发缓慢,翻浆不易干燥,路面损坏厉害,含盐量更多时,因不冻或少冻结而不翻浆或减轻翻浆。

硫酸盐渍土在降低冰点方面,与氯盐渍土类似,可加重翻浆,但不如氯盐渍土显著,春融时因结晶硫酸钠脱水可加重翻浆。

碳酸盐渍土因透水性差,可减轻冻胀,也可减轻翻浆。

4606　盐渍土路堤的施工有哪些基本规定?

(1)盐渍土路堤应分层填筑、分层压实,每层松铺厚度不宜大于 200 mm,砂类土松铺厚度不宜大于 300 mm。碾压时应严格控制含水率,碾压含水率不宜大于最佳含水率 1 个百分点。雨天不得施工。

(2)盐渍土路堤的施工,应从基底处理开始,连续施工。在设置隔断层的地段,宜一次做到隔断层的顶部。

(3)地下水位高的黏性盐渍土地区,宜在夏季施工;砂性盐渍土地区,宜在春季和夏初施工;强盐渍土地区,宜在表层含盐量较低的春季施工。

(4)在碾压之前先将路基边缘稳压两次,再分别由两边向中间稳压一遍,然后遵守“先边缘后中间,先轻压后重压,先慢压后快压”的原则按压实要求遍数碾压,每次碾压的轮迹重叠宽度应不小于 20 cm,谨防碾压不到边的现象。

(5)为防止盐分的转移,路基不宜采用提浆碾压,洒水车洒水必须均匀,不允许有过湿地方,主要目的是补充在施工中表面散失的水分。

(6)原有公路加宽与改建路基的衔接处，所用填土宜与原路基土相同或选用透水性好的土。原路基边坡应开挖宽不小于1 m的台阶分层填筑，压实度应不低于改建路基相应的压实标准，设有护坡道的路段，护坡道亦应分层填筑，压实度符合规范要求。

4607 盐渍土地区路基的基底(包括护坡道)应如何处治?

(1)表土不符合规范的规定时，应挖除；路堤高度小于规范最低高度的规定时，除应将基底土挖除外，并应按设计要求换填透水性较好的土。

(2)含水率超过液限的原地基土，应按设计要求将基底以下1 m全部换填为透水性材料；含水率界于液限和塑限之间时，应按设计要求换填100～300 mm厚的透水性材料；含水率在塑限以下时，可直接填筑黏性土。

(3)地下水位以下的软弱土体应按设计要求采用透水性好的粗粒土换填，高度宜高出地下水位300 mm以上。

(4)在内陆盆地干旱地区，路面为沥青混凝土、水泥混凝土或沥青表处时，应按设计要求在路堤下部设置封闭性隔断层。

(5)地表为过盐渍土的细粒土、有盐结皮和松散土层时，应将其铲除，铲除的深度通过试验确定。地表过盐渍土层过厚时，如仅铲除一部分，则应设置封闭隔断层，隔断层宜设置在路床顶以下800 mm处；若存在盐胀现象，隔断层应设在产生盐胀的深度以下。

4608 盐渍土地区路基的排水应如何设置?

(1)施工中应及时合理设置排水设施，路基及其附近不得积水。

(2)取土坑底面应高出地下水位至少150 mm，底面向路堤外侧应有2%～3%排水横坡。

(3)在排水困难地段或取土坑有可能被水淹没时，应在取土坑外采取适当处治措施。

(4)在地下水位较高地段，应加深两侧边沟或排水沟，以降低路基下的地下水位。

(5)盐渍土地区的地下排水管与地面排水沟渠,必须采取防渗措施。盐渍土地区不宜采用渗沟。

4609　盐渍土路段路基处理的方法有哪些?

(1)土质为粗粒料(如砂砾石土等)的弱盐渍土,由于毛细水上升的高度有限、含盐量小,可不作处理,直接使用。

(2)土质为细粒料(如粉土、粉细砂等)的盐渍土,由于毛细水的上升高度大,盐份直接进入路基,对路基造成破坏,不论含盐量大小,均需处理,具体的处理措施可采用:

1)尽量采用路堤通过,并根据含盐量的大小选择路基填土高度为 0.5～1.5 m。

2)作好排水设施。

3)挖除表层盐渍土(厚度根据含盐量确定,一般厚 30～60 cm),回填渗水性填料。

4)铺设防渗土工膜(采用两布一膜效果最好)。

5)当含盐量≥2%时,在土工膜上铺筑砂砾隔断层(一般厚度 50 cm 即可)。

6)要求路基压实度比一般路段路基高出 1～2 个百分点。

4610　盐渍土地区路基的隔断层有哪些形式?施工时应注意什么?

隔断层是为了防止水分和盐分进入路基上层或路面基层,其种类有土工布等人造材料及透水性好的粒料。

(1)土工布等人造材料

1)铺设隔断层时,土基顶面必须平整,且横坡符合设计及规范的要求,仔细检查路基的表面,清除坚硬凸出的碎砾石,特别是带有尖角的碎砾石。当隔断层的底面或顶面填料为粗粒土时,其相应的部位铺设保护层,防止土工布类合成等材料破坏。

2)土工布类材料应全路基断面铺设,不得有折皱,接头处搭接不得小于 20 cm。铺设完成后,要仔细检查有无破损的地方。

3)顶层保护层铺筑时,运料车应采取倒卸料,慢慢推进,或者人工倒运摊铺的方法,严禁车辆直接在隔断层上行驶。保护层碾压时,严禁车辆掉头,以免造成隔断层材料的损坏。

(2)粒料类隔断层

1)粒料类隔断层有碎(砾)石隔断层和砂隔断层。

2)隔断层顶面距离路肩边缘不得小于 80 cm,同时底高程应高出路边长期积水或边沟水面 20 cm 以上,并设置双向横坡,坡度不得小于 1.5%。

3)隔断层厚度不小于 30 cm,上下设置反滤层(碎砾石隔断层)。

4)反滤层以中、粗砂为宜,含泥量不大于 3%,厚度在 10~15 cm。采用具有渗滤功能的土工织物效果更好。

5)隔断层碎石最大粒径 5 cm,小于 0.5 mm 的土含量不大于 5%。

4611 盐渍土路基施工中泛盐的原因是什么?如何处理?

(1)当路基填筑高度较低时,由于路基范围内排水不畅,导致地下水位上升,当水位降低,易溶盐结晶,出现泛盐。在此情况下,做好路基范围内的排水工作。

(2)当路基填筑高度较高时,由于碾压不及时,填料中水分蒸发损失,将盐分带到填筑顶面出现泛盐。

(3)路基碾压时洒水补水,洒水过量,受毛细水的影响,盐分转移,造成顶面出现泛盐。

(4)料场填料含盐量发生变化,含盐量超标,因此出现泛盐。此时要加强路基填料的检查,不合格材料不得填筑。否则工程返工既影响施工进度又造成资源浪费。

(5)路基填筑碾压完成后,未及时进行路面工程施工,路基长期暴露在空气中,水分在慢慢蒸发的过程中,在表面出现泛盐。当遇到此情况,将路基顶面铺筑一层 30 cm 厚填料,只需要初压即可,或在路基顶面铺设一层塑料薄膜,并在顶面覆盖 20 cm 厚填料,效果更好。

第五章　特殊环境路基施工

第一节　冻土地区路基施工

5101　什么是冻土？按冻结状态的持续时间分为哪三类？

凡是土温等于或低于 0 ℃，且含有冰的土（石）称为冻土。冻土按其冻结状态时间的长短可分为多年冻土、季节冻土和瞬时冻土三类。

冻结状态持续三年以上的冻土为多年冻土。每年冬季冻结，夏季全部融化，冻结状态持续时间大于一个月，每年周期性冻结的冻土为季节性冻土，这种冻土的冻结深度为数厘米至 1～2 m。瞬时冻土是指冬季冻结状态仅持续几个小时至数日的冻土，其冻结深度为数厘米至数毫米。

5102　冻土地区常见的危害路基的现象有哪些？

在冻土区填筑路基常见的危害路基路面的现象有工程地质方面的，也有路基病害的。工程地质方面有融沉、冻胀、融冻泥流、滑塌、冰锥、冻胀丘、热融湖塘等，路基病害方面有路基下沉、不均匀沉降、橡皮土弹簧现象、裂缝、翻浆冒泥等。

5103　什么是融沉？其产生的原因有哪些？

融沉，也称融化下层，指土中过剩冰融化所产生的水排出以及土体的融化固结引起的局部地面的向下运动。由厚层地下冰融化而产生的融沉是引起多年冻土区路基变形和破坏的主要原因。引起融沉的原因有以下方面。

(1)自然（如气候转暖）或人为因素（如砍伐与焚烧树木、房屋采暖）改变了地面的温度状况，引起季节融化深度加大，使地下冰或多年冻土层发生局部融化。在多年冻土上限附近的细粒土和有一定量细粒土充填的粗粒土中往往存在厚层地下冰，由于其埋藏浅，所以很容易受各种人为活动的影响而融化。

(2)路堤修筑后一方面会引起基底土层压缩等一系列变化，改变了表面的水热交换条件，另外路堤本身的存在则增加了热阻，这些均会造成多年冻土层厚度的变化，产生融沉。

(3)在高温冻土区，当夏季施工的路堤其高度超过一定值时，会在堤身内形成融土核，造成地下冰的融化，而使路堤下沉。

(4)路堤建成后改变了地表和地下水的径流条件。当排水措施不当时会产生路堤过水和堤侧积水现象。其结果往往是地下冰融化，路基下沉甚至发生突陷。

5104 什么是冻胀，其产生的原因与危害有哪些？

冻胀是指土冻结过程中，土中水分(包括外界向冰锋面迁移的水分及孔隙中原有的部分水分)冻结成冰，并形成冰层、冰透镜体、多晶体冰晶等形式的冰侵入体，引起土颗粒的相对移动，使土体体积产生不同程度的扩张现象。冻胀的外观表现是土表层不均匀的升高，冻胀变形常常可以形成冻胀丘及隆岗等一些地形外貌。

一般情况下，在低温冻土区，活动层厚度一般较小，且存在双向冻结，冻结速度较快，故冻胀相对较轻。而在高温冻土区，活动层厚度一般较大，冻结速度也较低，如存在粉质土和足够的水分则冻胀严重。

(1)由于路基填筑材料的不均匀，或不同岩性和水文地质条件地段路基过渡处理不当，可能引起不均匀冻胀，使线路在平纵断面上失去平顺性。用粉质土和黏性土填筑的路基，由于冻结时的水分迁移可能在上部聚冰而引起翻浆。

(2)排水措施的不到位不仅会加重路基的冻胀，而且容易在线路附近增加冰锥和冻胀丘的发生。

5105 融冻泥流和滑塌易发生在什么地方？由哪些因素引起？对工程有什么危害？

融冻泥流和滑塌多发生在有厚层地下冰分布的斜坡上。它可以由工程施工、挖方取土等人为活动引起，也可以由自然因素（如河流侵蚀坡脚、气温升高）引起。由融冻泥流和滑塌形成的稀泥物质向下流动，可能掩埋道路，壅塞桥涵，加速路基的软化湿陷。

5106 冻土地区路基填料有什么要求？

（1）路床填料宜优先选择矿渣、炉渣、粉煤灰、砂、砂砾石及碎石等抗冻稳定性较好的材料。

（2）路床或上路堤采用粉土、黏土填筑时，可按设计要求使用石灰、水泥、土壤固化剂等单独或混合进行稳定处理，填料的改善或处理应根据路基抗冻胀性能要求，结合填料性质经试验确定。

（3）冻土、非透水性过湿土不得直接填筑下路堤。

5107 季节性冻土地区路基施工有什么基本要求？

（1）冻胀路基施工，应根据设计要求和现场调查、核对情况，合理选择施工方法，采取合理有效的抗冻措施。

（2）冻胀路基施工过程中，应经常检查冻害状况，发现冻胀、软弹、变形、纵向横向裂缝及翻浆等病害时应及时处理。

（3）路基填挖交界过渡段基底，根据填、挖段不同的冻胀量进行处理，使挖方终点的冻胀量和填方段的冻胀量基本一致。

（4）石质挖方、零填路段不宜超挖。超挖或清除软层后的凸凹面，严禁用挖方料和未经稳定处理的混合料回填，岩面凸出部分应凿除，超挖的坑槽及岩石凹面可用贫水泥混凝土浇筑，混凝土最小厚度应大于 80 mm。

（5）非全冻路堤在冻深范围内的填土严禁混杂，冻胀性质不同的土，应分层填筑；同一类土的填筑，总厚度不宜小于 600 mm；抗冻性强的土应填在高层位。同一层土的含水率应基本一致，允许偏差为±2%。

(6)全冻路堤施工前，应在路堤两侧先完成排水沟或边沟，应结合永久排水设计完成渗沟、渗井等地下排水设施。

5108 季节性冻土地区路基施工时排水应注意什么?

(1)施工前应完成截水沟，填筑拦水埂，填平坡顶的冲沟、水坑。

(2)施工中，应采取措施阻止边界外的水流入路基中；应保持排水沟通畅，将水迅速排出路基之外。施工期间每层土顶面应设置不小于2.5%的排水横坡。

(3)填挖交界段应设置过渡边沟。

(4)在路基开挖面接近设计标高时，应及时施工地下排水构造物，尽快形成各式沟、管、井、涵等，组成完整、有效的排水系统，严禁路基完成后才进行地下排水构造物施工。

5109 季节性冻土地区路床换填有什么要求?

(1)路床地基土挖除、换填深度应符合设计要求。

(2)应分层开挖，一般宜从外侧向内侧挖掘，最后一层应从内向外挖掘。

(3)使用粗颗粒填料换填时，填料应均匀，粒径小于0.075 mm的含量应不大于5%；

(4)采用石灰、水泥对填料进行改性处理时，应掺拌均匀，改性剂的剂量应符合设计要求或经试验确定。

(5)换填应分层填筑，压实度达到规定要求。

5110 多年冻土地区填方路基应如何施工?

(1)施工过程中，应采取措施保持路基及周围冻土处于冻结状态。根据设计要求和实际情况对基底应采取换填、设置毛细水隔断层等措施。

(2)取土宜设置集中取土场，取土位置宜在路堤坡脚500 m以外。斜坡地表上的路堤，取土坑应设在上坡一侧。取土坑深度不得超过当地多年冻土上限以上土层厚度的 80%，坑底应设纵横坡和排水口。

(3)填料宜选用保温、隔水性能均较好的填料，严禁使用塑性指数大于 12、液限大于 32%的细粒土和富含腐殖质的土及冻土。高含冰的土不宜用于路基填料。采用黏性土或透水性不良土填筑路堤时，应控制土的含水率，碾压时含水率控制在最佳含水率±2%范围内。通过热融湖(塘)的路堤，水下部分必须用透水性良好的填料填筑，填筑高度应高于最高水位 0.5 m 以上。

(4)靠近基底部位有饱冰冻土层且有可能融化时，宜设保温护道和护脚。

5111 冻土路基施工安排应注意哪些方面?

(1)针对不同的冻土条件，确定相应的施工季节和施工工艺。施工季节应尽量避开降雨集中、热融作用最活跃的七八月份，宜安排在夏末或秋初，并做好防护，防止地表水流入或渗入基底和边坡，路基地面防护范围应符合设计要求。

(2)对于按保护冻土原则设计的路基，应尽量减少对多年冻土的扰动和破坏，以利于热平衡状态的恢复；尽量减少大气降水的浸润、渗入及冻结层以上水的危害。

(3)路堑开挖。在冻土地区应尽量减少路堑长度，宜尽快开挖成形，不能断断续续施工，并及时做好其附属工程。在施工中少刷或不刷边坡。跨年作业有利于路堑稳定，最好在秋末开挖成形，来年暖季回填。

(4)路基排水。排水沟设置应与路基坡脚有一定距离，尽量减少排水沟对路基基底冻土的热作用，尽量加快地表水在排水沟的过水速度，减少排水沟积水时间。在路基施工过程中，要注意临时排水设施的修建。

5112 什么是涎流冰？

涎流冰分山坡涎流冰和河谷涎流冰，主要分布在寒冷地区和高寒地区。山坡涎流冰由山坡或路基挖方边坡露出的地下水冻结形成。河谷涎流冰则是沿沟谷漫流的泉水和冻雪融水冻结形成。

5113 涎流冰地段的地下排水施工有哪些要求？

(1)应按设计要求在冻结深度以下，并在不低于路面以下 2 m 处做好地下排水设施的隔水层或反滤层。

(2)地下排水设施应在路基完工前完成。

(3)地下排水结构开挖中，应采用有利于排水的方法分层进行，随时排出地下渗水和流水。上口通过封闭式渗池与含水层衔接，下口于路基下侧边坡坡面以外排出，出水口应有保温措施。

5114 涎流冰地段路基施工应注意什么问题？

(1)施工前，应对当地地形、地质、气象，涎流冰的水源、类型及规模、危害情况，当地防治经验等进行调查核对，确定合理的处置措施及施工方案。

(2)施工应尽量减少对原有自然排水系统的影响。在修建排、挡、截等结构物时，不得随意挖掘取土，并注意保留(护)原自然形成的疏水系统。

(3)在冰冻或高寒的涎流冰地区，路基宜选用水稳性良好的砂砾石土作为填料。

(4)采用浆砌片(块)石砌筑的挡冰墙，砌筑砂浆必须密实、饱满，未达到设计强度前不得浸水遭受冻胀破坏。采用干砌时，应采用大块石砌筑。挡冰墙外的聚冰坑应按设计要求进行施工。土质地段的聚冰坑，应按设计要求砌筑，并作好防渗施工。

(5)在施工过程中，应对涎流冰进行监控。

第二节　岩溶、采空区路基施工

5201　什么是岩溶、岩溶作用、溶洞?

岩溶是地表水和地下水长期对可溶岩(包括碳酸盐类、硫酸盐类、卤酸盐类等岩石)的化学和机械作用以及对上覆土层侵蚀、搬运,形成的地表与地下的现象、形态的总称。水的这种溶蚀、侵蚀、搬运、堆积的过程统称岩溶作用。岩溶作用所形成的空洞通称为溶洞。溶洞按成因可分为包气带洞、饱水带洞和深部承压带洞等。

5202　岩溶路基病害主要表现为哪些形式?

(1)地表岩溶形态起伏和岩土不均匀组合造成的路基不均匀沉降、变形、甚至整体滑动;

(2)岩溶地面塌陷对路基稳定性的破坏;

(3)路基下潜伏溶洞顶板失稳引发路基下沉、塌陷和破坏;

(4)路基遭受岩溶水作用引发的滑动、塌陷变形、淹没破坏;

(5)反复泉与间歇泉浸泡路基基底,引起路基沉陷、坍塌或冒浆;

(6)路基下土洞塌陷引发路基下沉开裂、陷落等破坏;

(7)岩土不均匀组合导致边坡的泥流变形;

(8)边坡整体失稳;边坡落石、崩塌、掉块等。

5203　岩溶地区路基施工前与施工中应注意哪些方面?

(1)施工前,应结合设计详细核查岩溶分布、地形、地表水、地下水活动规律及设计处治方案的可行性和完整性,严禁随意堵塞溶洞。

(2)在路基边坡上的干溶洞,应清除洞内沉积物并用干砌或浆砌片石堵塞。

(3)路基上方的溶泉或壅水,应按设计先做好排水涵(管)。

(4)路基基底下有溶泉或壅水,应采取排导措施保证路基不受浸害;当修建水泥混凝土、沥青路面等路面时,应按设计要求采取措施防止因温差作用而使水汽上升,聚集在路面基层下。

(5)应对路基基底范围内的石笋、石牙进行处理。

(6)流水量大的暗洞及消水洞,用桥涵跨越时,应确保基础稳定。

5204　路基基底下干溶洞的处理方案应如何确定?

(1)铲除溶洞石笋,整平基底,直接用砂砾石、碎石、干(浆)砌片石等回填密实。

(2)当溶洞顶板太薄或者顶板较破碎,按设计要求进行加固时,应严格控制加固质量,确保强度。

(3)当溶洞顶板较完整、厚度较大时,应根据设计要求,确定处理方案。

(4)采用桥涵跨越通过时,桥涵基础必须置于有足够承载能力的稳定地基上。

5205　岩溶水应如何处理?

岩溶水的处理应遵循因地制宜、疏导为主、因势利导的原则。岩溶水量的估计宁大勿小,相应的排水建筑物也应宁宽勿窄,处理上疏导比堵塞好,桥跨比涵洞好。可采取截流、排泄、疏导、跨越、堵水等多种措施处理岩溶水。

5206　用截流处理岩溶水适用于什么情况?具体工程措施是什么?

截流适用于流量不是很大的岩溶水的处理。其工程措施有截水盲沟,截水墙,截水洞等。截流盲沟适用于水量小而分散的岩溶水,为疏导或降低地下水位而设,盲沟应作反滤层。为防止水流冲击和渗入一般设截水墙,其方向与水流方向垂直。截水墙的材料一般为浆砌片石。截水墙的尺寸根据水压力确定。为保持路基干燥或疏干某范围一般设截水洞,常采用垂直于地下水来向的一侧设置截水洞。截水洞与被疏干的范围应以相应的引排水措施进行结合，把水引排到截水洞中。

5207　排泄与疏导适用于处理什么岩溶水？工程措施有哪些？

排泄适用于流量大而集中的岩溶水的处理。对常流的间歇性岩溶水，尤其当流量、流速较大，或直接影响当地农田灌溉的岩溶水都应考虑排泄的处理措施。排水建筑物所设方向应与水流方向一致，其工程措施有泄水洞、管道、桥涵及明沟排水。

疏导主要用于处理路基基底处出水量较大的岩溶泉及季节性冒水洞，往往采用“竖井＋涵管”或“封堵＋涵管”等综合方法将水流引出路基外，并保持地下管道水汽压力与地面一致，防止水汽压力骤变对路基产生冲击或真空吸蚀。结构尺寸主要根据疏导的水量而定，防止水路不畅造成路基冲毁。

5208　填塞法适用于哪些岩溶病害的处理？

对于浅层漏斗、土洞、不影响地表排水的落水洞、竖井以及规模不大且无地下岩溶水联系的溶槽、溶沟、干溶洞，危害性小，可采用片石、碎石填塞并在其上设置混凝土封层的处治方法或直接回填混凝土、钢筋混凝土，防止基底不均匀沉降或开裂。溶洞顶板厚度不大于 3 m 应先将顶板爆破处理再回填，大于 3 m 宜采取其他方法加固。对于冒水洞、与地下河连通的溶洞、溶槽等岩溶形态则不宜使用。避免使地下水排泄受阻，对路基造成隐患、影响当地的生态环境。

漏斗、落水洞底部用大块石抛填堵塞(边长不小于底部开口尺寸)，然后由大到小的顺序，分层填筑碾压，逐步过渡至级配碎石层。填料的岩石抗压强度宜达到 15 MPa。

5209　什么条件下可采用灌浆加固处理岩溶病害？

灌浆加固适于加固松散软弱土层、溶穴堆积物、风化残积填充物等。在下列条件下，可考虑采用。

(1)溶沟、石芽埋深 3～8 m;沟(槽)内充填软弱松散土。

(2)覆盖型岩溶地区,较厚的垂直形态岩溶,如松散堆积的土体、块石、碎石,当其清除工作量太大,且爆破施工不易。

(3)地下水的波动使基岩与上覆土层接触带之间的岩溶裂隙、溶沟、溶槽中的充填物和上覆土层的底层土产生冲刷和掏空,而在土层底部形成土洞,形成潜在的塌陷威胁。

(4)不能进人的未填充溶洞可先抛填毛石、碎石或沙砾填充,而后充填灌浆。而对于软弱松散土充填的溶洞(落水洞),可进人挖除的先挖除,后换填(砌)毛石,再进行充填灌浆;不能进人的,直接固化灌浆。

(5)对于已经发生塌陷的溶洞、土洞,通过灌浆加固松散的塌陷体和周边土体。

(6)通过灌浆技术加固边坡上的裂隙和松散填充物,以改善边坡岩体的物理力学性能,保证边坡的稳定性。

5210 结构物跨越适宜处理哪些岩溶状况?

对于岩溶形态复杂,规模较大,难采取简单处理方法处治,或者需考虑岩溶水随季节变化,发生间歇性或周期性的消水和涌水,不宜封闭、不易疏导的,及溶洞溶槽向地下发育很深的,常考虑采取适当的跨越方法。跨越的方法根据结构形式的不同有多种,可分为桥跨、梁跨、混凝土板跨和混凝土拱跨等,可以根据现场的实际情况来确定采用何种方式进行跨越。

5211 什么情况下应对溶洞进行加固?如何加固?

当溶洞距基底的距离小于估算的顶板安全厚度,且岩层比较破碎时,必须进行加固处理。

(1)当洞径大,洞内施工条件好时,可采用浆砌片石支墙、支柱及码砌片石垛等加固。如需保持洞内水流畅通,可在支撑工程间设置管涵排水。

(2)深而小的溶洞不便用洞内加固办法时,可采用石盖板或钢筋混凝土盖板加固。

(3)对洞径小、顶板薄或岩层破碎的溶洞,可采用爆破顶板用片石回填的方法。

(4)如溶洞较深或须保持排水者,可采用拱跨或板跨的办法。

(5)当位于路堑边坡上的溶洞被部分开挖后,易造成边坡失稳时,可采用浆砌片石或混凝土支柱、支顶、嵌补等措施进行处理。

5212　溶洞内加固结构物的基础应如何处理?

基础应修筑在平整有足够承载力的未被风化溶蚀基岩上,不得将其放置在松软的溶洞堆积物或石灰岩等碳酸钙化学沉积物上。基础嵌入基岩的深度不少于 0.15～0.6 m(按岩层的坚硬程度和抗风化能力选定)。砌筑用的石料强度尽量选用强度大于 25 MPa的块石。

5213　采空区路基施工的基本要求有什么?

(1)施工前,应结合设计详查路幅内采空区类型(平洞、竖井或斜井)、水文地质、地下水高度和顶板地层厚度,复核设计方案的可行性,编制施工组织设计,完善处治措施。

(2)路基边沟及排水沟底部,应采取措施防止地表水渗漏到采空区内。

(3)采空区路基基底采用砂砾石、碎石、干(浆)砌片石等回填时,填料质量和填筑压实度应符合设计要求,片石强度满足设计要求。

(4)开挖回填处治采空区,应按设计要求的处理长度、宽度、深度进行处理。

(5)采空区采用充填注浆处理时,处理后地基应满足设计对沉降稳定的要求。

5214　采空区的治理有哪些方法?

采空区治理从设计理念上主要分为填充、崩落、支撑和跨越 4

种方法，从施工处理方法上可细分为下述 8 种：

(1)强制崩落围岩，使地表陷落消除采空区或者强制崩落部分围岩使之形成废石垫层，将作业区段隔开。

(2)围岩自然崩落充填采空区。

(3)用矿石垫层将作业区与采空区隔开。

(4)各种材料包括掘进废石、选矿尾砂或尾矿砂加其他胶结材料充填采空区。

(5)留永久矿柱支撑采空区。

(6)矿柱支撑和充填联合处理采空区。

(7)架桥跨越或采用连续配筋混凝土板跨越。

(8)以上两种或几种不同方法联合处理采空区。

第三节　滑坡地段路基施工

5301　什么是滑坡？泥石流？

滑坡是指在一定的地形地质条件下，由于各种自然的和人为的因素影响，山坡的不稳定土(岩)体在重力作用下，沿着一定的软弱面(带)作整体、缓慢、间歇性的滑动变形现象。滑坡有时也具有急剧下滑现象。

泥石流是指山区由于地形陡峻，松散堆积物丰富，特大暴雨或大量冰融水流出时，突然暴发的包含大量泥沙、石块的洪流。

5302　产生滑坡的原因是什么？哪些特征的土体容易产生滑坡？

产生滑坡有内在因素，也有外在因素。内在因素是形成滑坡的先决条件，它包括岩土性质、地质构造、地形地貌等。外因通过内因对滑坡起着促进作用，它包括水的作用、地震和人为因素等。一般以下特征的土体容易产生滑坡。

(1)滑带土体软弱，易吸水不易排水，呈软塑状，力学指标低。

(2)滑带的形状在匀质土中多近似于圆弧形，在非匀质土中为折线形。

(3)水多是滑坡发展的主要原因，地层岩性是产生滑坡的物质基础，滑坡多是沿着各种软弱结构面发生的。

(4)自然因素和人为因素引起的斜坡应力状态的改变(爆破、机械振动等)均有可能诱发滑坡。

5303　一个发育完全的滑坡，一般包括哪些部分？

一个发育完全的滑坡应该包括以下 11 个部分。但在实际的滑坡现象中，有时候我们很难分清楚各个部分明显的边界。

(1)滑坡体，指滑坡发生后与母体脱离开的滑动部分；

(2)滑动带，滑动时形成的碾压破碎带；

(3)滑动面，滑坡体沿着下滑的表面；

(4)滑坡床，滑体以下固定不动的岩土体，它基本上未变形，保持了原有的岩体结构；

(5)滑坡壁，滑体后部和母体脱离开的分界面，暴露在外面的部分，平面上多呈圈椅状；

(6)滑坡台阶，由于各段滑体运动速度的差异而在滑体上部形成的滑坡错台；

(7)滑坡舌，又称滑坡前缘或滑坡头，在滑坡前部，形如舌状伸入沟谷或河流，甚至越过河对岸；

(8)滑坡周界，指滑坡体与其周围不动体在平面上的分界线，它决定了滑坡的范围；

(9)封闭洼地，滑体与滑坡壁之间拉开成沟槽，相邻滑体形成反坡地形，形成四周高中间低的封闭洼地；

(10)主滑线，又称滑坡轴，滑坡在滑动时运动速度最快的纵向线，它代表滑体的运动方向；

(11)滑坡裂隙，分为四类：分布在滑坡体上部的拉张裂隙；分布在滑体中部两侧的剪切裂隙；分布在滑坡体中下部的扇状裂隙；分布在滑坡体下部的鼓张裂隙。

5304 滑坡防治的原则是什么?

(1)预防。对有可能新生滑坡的地段或可能复活的古滑坡,应采取必要的工程措施,以防止产生新的滑坡或古滑坡的复活。

(2)早治。滑坡的发生与发展,是有一个过程的,早期整治,能收到事半功倍的效果。

(3)一次根治与分期整治相结合。滑坡一般应一次彻底根治,不留后患。但对规模较大、性质复杂、变形缓慢,不致造成重大灾害的滑坡,也可在全面规划下,分期整治。

5305 滑坡防治的工程措施有哪些?

滑坡防治的工程措施主要有排水防水、力学平衡和改变滑带土三类。

(1)排水防水

滑坡的发生常和水的作用有密切的关系,水的作用,往往是引起滑坡的主要因素,因此,消除和减轻水对边坡的危害尤其重要,其目的是:降低孔隙水压力和动水压力,防止岩土体的软化及溶蚀分解,消除或减小水的冲刷和浪击作用。具体做法有防止外围地表水进入滑坡区,可在滑坡边界修截水沟;在滑坡区内,可在坡面修筑排水沟。在覆盖层上可用浆砌片石或人造植被铺盖,防止地表水下渗。对于岩质边坡还可用喷混凝土护面或挂钢筋网喷混凝土。排除地下水的措施很多,应根据边坡的地质结构特征和水文地质条件加以选择。常用的方法有水平钻孔疏干;垂直孔排水;竖井抽水;隧洞疏干;支撑盲沟。

(2)力学平衡

通过一定的工程技术措施,改善边坡岩土体的力学强度,提高其抗滑力,减小滑动力。常用的措施是削坡减载;用降低坡高或放缓坡角来改善边坡的稳定性。削坡设计应尽量削减不稳定岩土体的高度,而阻滑部分岩土体不应削减。此法并不总是最经济、最有效的措施,要在施工前作经济技术比较。但是牵引式滑坡、具有膨胀性质的滑坡不宜用滑坡减重法。

这类措施常用的方法有：反压土方、修筑挡土墙、护墙等支挡不稳定岩体；钢筋混凝土抗滑桩或钢筋桩作为阻滑支撑工程；预应力锚杆或锚索。

(3)改变滑带土

用物理化学方法改善滑带土体的物理力学性质，加固和稳定滑坡。如焙烧、硅化、离子交换等，改变滑带土性质，加强边坡岩土体稳定性。

5306 滑坡地段路基施工应注意哪些方面?

(1)滑坡地段施工前，应制定应对滑坡或边坡危害的安全预案，施工过程中应进行监测。

(2)滑坡整治宜在旱季施工。需要在冬季施工时，应了解当地气候、水文情况，严格按照冬期施工的有关规定实施。

(3)路基施工应注意对滑坡区内其他工程和设施的保护。在滑坡区内有河流时，应尽量避免因滑坡工程的施工使河流改道或压缩河道。

(4)滑坡整治，应及时采取技术措施封闭滑坡体上的裂隙，应在滑坡边缘一定距离外的稳定地层上，按设计要求并结合实际情况修筑一条或数条环形截水沟，截水沟应有防渗措施。

(5)施工时应采取措施截断流向滑坡体的地表水、地下水及临时用水。

(6)滑坡体未处理之前，严禁在滑坡体上增加荷载，严禁在滑坡前缘减载。滑坡整治完成后，应及时恢复植被。

(7)采用削坡减载方案整治滑坡时，减载应自上而下进行，严禁超挖或乱挖，严禁爆破减载。采用加填压脚方案整治滑坡时，只能在抗滑段加重反压，并且做好地下排水，不得因为加填压脚土而堵塞原有地下水出口。

(8)降雨前后及降雨过程中，应加强对施工现场的检查巡视。

5307 抗滑支挡工程施工有什么规定?

(1)采用不同类型抗滑支挡结构整治措施时,应有合理的施工方法和施工程序。在上一道工序未达到设计要求之前,不得进行下一道工序。

(2)工程施工中,应核查实际地质情况并进行地质编录。施工中遇到异常地质情况时,应会同有关单位进行处理。

(3)当墙后有支撑渗沟及排水工程时,应先期施工。

(4)抗滑支挡结构物的尺寸和位置应符合设计要求,严禁擅自减小结构尺寸、减短抗滑桩桩长、减短锚索长度等。

(5)各种支挡结构的基础必须置于滑动面以下,并嵌入稳定地层。

(6)开挖基坑时,应分段跳槽施工,并应加强支撑,随挖随砌,及时回填。

5308 什么是崩塌? 崩塌形成的原因是什么?

崩塌落石是堑坡或其上山坡的岩块土石发生崩塌或坠落造成危害的地质现象。具有突然、快速和较难预测的特点,是地形、地质比较复杂的山区路基十分常见的路基病害。崩塌形成的原因主要有:

(1)陡峭高峻的边坡或山体斜坡,坡度大于 45°、高度大于 30 m,特别是坡度在 55°~75°的斜坡,是崩塌多发地段。

(2)由风化的坚硬岩层组成的又高又陡的斜坡,如互层砂岩,稳定性更差,容易形成崩塌。

(3)受地质构造影响严重,有很多结构面将岩体切割成不连续体的斜坡,特别是有两组结构面倾向线路,其中一组倾角较缓时,容易向线路崩塌。

(4)水的作用是产生崩塌的重要因素。绝大多数的崩塌发生在雨季或暴雨之后,因为水的渗入,对岩石产生软化、润滑和动水压力作用,使岩体强度降低,内摩擦力减小,促使崩塌发生。

(5)其他如地震、爆破、人工开挖斜坡等,都是诱发崩塌的因素。

5309　崩塌的防治措施有哪些?

(1)拦截类。适用于小规模、小块体的崩塌落石。拦截构造有落石平台、落石坑、落石沟、拦石墙、钢栅栏及柔性拦石网等。

(2)遮栏类。应用于规模较大的崩塌落石,遮栏建筑有各种明洞和棚洞。修建明洞、棚洞,既可遮挡崩塌落石,又可对边坡下部起稳定和支撑作用。

(3)支挡加固类。适用于不宜或难于消除的大危岩或不稳定的大孤石。支挡建筑有支顶墙、支护墙、明洞式支墙、支柱、支撑等。

(4)护坡、护墙。适用于易风化剥落的边坡。边坡陡者用护墙,边坡缓者用护坡。

5310　崩塌与岩堆地段路基应如何施工?

(1)崩塌与岩堆地段路基施工中,必须采取有效措施,预防岩石塌落,确保安全。

(2)施工中必须按设计要求做好截水、排水、防渗设施,处理好岩堆地段的渗入水及地下水。

(3)岩堆地区路基施工,不宜扰动岩堆体、破坏原有的边坡。填筑路基时,不宜使用振动碾压设备。

(4)对单个危岩,应根据地形和岩层情况采用相应的处理措施。地面坡度陡于 1∶1.5 时,应对较大孤石进行处理。

(5)在岩堆上进行路堤施工,应清除表层堆积物并挖台阶。

(6)在较大而稳定性较好的岩堆上修筑路基,应按设计要求采取治理岩堆的措施,可注入水泥砂浆、修建护面墙、挡土墙等。对较大而稳定性较差的岩堆,应按设计要求采用综合治理措施,可先修筑下挡墙,再分阶梯形成边坡或修筑护面墙,然后在岩堆体内分段注入水泥砂浆等。

5311 **泥石流地区路基应如何施工?**

(1)施工前,应结合设计,详细调查泥石流的成因、规模、特征、活动规律、危害程度等相关情况,核实泥石流形成区、流动区和堆积区,确定适宜的施工方案。

(2)泥石流地区路基施工,应设置专职巡查人员,监测泥石流动态,遇有异常情况应及时处理,确保施工安全。

(3)采用桥梁形式跨越泥石流地段时,应按设计要求采取防护加固措施。

(4)永久性整治构造物采用浆砌片(块)石时,应采用质地坚硬、不易风化的片(块)石,基础应置于设计要求的深度,强度符合设计要求。

(5)利用植被治理泥石流时,植物物种应选择生长期短、见效快、根须发达,适宜本地区生长的品种。

5312 **用于排导泥石流的排泄道、排导沟、明洞、涵洞、渡槽等排导构造物应符合什么规定?**

(1)排导构造物基础应牢固,强度、断面与高度应符合设计要求。

(2)排导构造物平面线形应圆滑、渐变,上下游应有足够长的衔接段,行进段沟槽不宜过分压缩,出口不宜突然放宽。流向改变处的转折角不宜超过 15°,避免因急弯突然收缩和扩大而造成淤塞。

(3)排导构造物行进段和出口段的纵坡应满足设计要求或大于沟槽的淤积平衡坡度。

第四节 临水地区路基施工

5401 **沿河、沿溪地区路基的主要病害是什么?其原因是什么?**

沿河、沿溪地区发生的病害主要是水毁破坏,而水毁的主要表现形式就是路基侧蚀坍塌，其表现为由于河溪中洪水对公路侧坡脚的冲刷、淘蚀而导致路基坍塌，主要原因是沿河沿溪段公路边坡未设置防护工程或防护工程设置不当。

5402　沿河、沿溪地区路基施工应注意哪些方面？

(1)沿河沿溪地区路基施工应根据设计要求和现场情况，合理选择施工方法。

(2)路基弃方应妥善处理，严禁向河中倾弃。

(3)受水位涨落影响及常水位以下路堤，宜用水稳性好、不易风化的透水性材料填筑，粒径不宜大于 300 mm。

(4)沿河、沿溪地区的高填方、半挖半填、拓宽路段的新老交界面应按设计要求采取措施保证路基稳定，峡谷地段宜采用石质填料。

(5)路基边坡有潜水或渗水层时，应按有关规定按设计要求设置排水设施，将水引出路基范围之外。

5403　沿河、沿溪地区路基的防护有哪些形式？各有什么特点？

(1)直接防护

石砌(干砌或浆砌)护坡、浸水挡土墙以及它们的各种坡脚工程(如坡脚抛石、堆石、石笼、阻水堤等)建筑物都属于此类。它们直接依附于路基，顺水流而建，对水流干扰小，对工程上、下游和对岸几乎无影响，对山区峡谷、弯道水流较为适宜。但是，这类防护工程一旦被水冲毁，将直接危及路基安全。

(2)间接防护

护岸丁坝、丁坝群、桥梁导流堤等挑流导流建筑物都属于此类。这些建筑物伸入河道，侵占一部分河流断面，改变河道水流结构，使水流偏离被防护的岸线或将冲刷段变为淤积段，以达到防护目的。同时，这些建筑物也受到水流的强烈冲刷，但即使丁坝坝头等部位一旦被冲毁，也不致于立即危及路基安全，可认为已达到路基防护的目的，汛后再行修复即可。

5404　水库地区路基施工的组织原则有哪些?

(1)库区路基施工,应采取措施减少对水库水体及周围环境的污染。

(2)库区路基施工应根据设计线位与库岸的位置关系,合理选择施工方法。

(3)沿水库边缘修筑的路基,或路基离岸 10 m 以内时,应按设计要求预先对库岸进行防护。

(4)路堤填料宜选择透水性较好的材料。

(5)边坡防护材料应采用强度较高,不易风化的硬质石料。在冰冻地区的护坡采用片石防护时,应选择抗冻性好的石料。在水库上游地段,护坡基础埋深应符合设计要求。

5405　库区浸水路堤应如何施工?

(1)填料应采用不易风化的硬质石料。

(2)路堤外侧边坡的码砌厚度应满足设计要求,码砌石块粒径宜大于 300 mm,错缝台阶式砌筑,块体紧贴边坡、块体接触面向内倾斜,路堤边坡符合设计要求。

(3)路基较高且浸水较深的路段,可在靠水库库心一侧的迎水坡面护脚上设置片石石垛,石块尺寸应不小于码砌厚度。

5406　滨海地区路基的施工应注意哪些自然因素?为什么?

滨海地区路基的施工应特别注意潮位、海浪、海流等情况。

(1)潮位

海水周期性涨落的现象叫潮汐。如海边滩地宽阔开敞而又坡度平缓,则潮汐的海水面涨落运动十分显著。对有潮汐的海岸,潮位的变化特征是确定滨海路堤各部分高程的重要依据,也是施工中应特别重视的。

(2)海浪

海水有规律的波动运动称为海浪或波浪。海洋中最常见的波浪是由风产生的,称为风浪或风成浪。波浪资料是滨海路堤设计和施工的主要依据，它直接关系到路堤的高度和断面尺寸。

(3)海流

近岸海流主要有潮流和风浪流。潮汐使海面发生周期性升降，海面高度的变化，迫使水体作水平方向的周期性流动，形成潮流。海浪以斜向角度达到海岸后，一部分海水以底流方式流回海中，另一部分则沿岸流动，形成沿岸流。

5407　滨海地区斜坡式路基的特点是什么？施工时应注意哪些方面？

斜坡式路堤的特点是：结构简单、施工方便、具有较高的整体稳定性。斜坡式路堤和波浪相互作用的特点为波浪在坡面上爬升，然后破碎，其能量被吸收或消散。

对斜坡式路堤应采取措施保证路堤填料不被海流冲移、浸蚀；护坡采用条石、块石或混凝土人工块体、土工合成材料时，所采用的材料质量必须满足相关要求，坡面平整，块体接触面向内倾斜，紧贴坡面；胸墙应在路堤的沉降基本完成以后再修筑。

5408　滨海地区直墙式路基的特点是什么？施工时应注意哪些方面？

直墙式路堤也是滨海路堤常见的一种结构型式。其优点在于其内侧可以兼作码头，并在水深较大时，所需的建筑材料比斜坡式路堤省。它的缺点是消除波能的效果差。一般分为明基床和暗基床两种。

明基床：在水底原地面上直接抛块石，经整平后作为重力式码头或防波堤等的地基传力层。

暗基床：在水底原地面以下挖槽后抛填块石，经整平后作为重力式码头或防波堤等的地基传力层。

对直墙式路堤应采用石块填筑，石块的大小应以石块能够沉达到位，且能确保路堤安全稳定为原则；采用抛石方法形成的明基床或暗基床应满足设计要求；在非岩性或岩性地基上的基床厚度应满足设计要求。

第六章 冬雨期路基施工

第一节 冬期路基施工

6101 什么时候进入冬期施工？

在反复冻融地区，昼夜平均温度在－3 ℃以下，且连续 10 d 以上，或者昼夜平均温度虽在－3 ℃以上，但冻土没有完全融化时，均应按冬季施工办理。

6102 哪些项目的路基工程可以冬期进行施工？

(1)泥沼地带凋湖冻结到一定深度后，如需换土时可趁冻结期挖去原地面的软土、淤泥层换填合格的其他填料。

(2)含水率高的流动土质、流沙地段的路堂可利用冻结期开挖。

(3)河滩地段可利用冬期水位低，开挖基坑修建防护工程，但应采取加温保温措施，注意养护。

(4)岩石地段的路基或半填半挖地段，可进行开挖作业。

6103 哪些项目的路基工程不宜冬期施工？

(1)高速公路、一级公路的土路基和地质不良地区的二级以下公路路堤。

(2)铲除原地面的草皮、挖掘填方地段的台阶。

(3)整修路基边坡。

(4)在河滩低洼地带将被水淹的填土路堤。

6104 路基冬期施工前应做好哪些准备工作？

(1)对冬期施工项目按次排队，编制实施性的施工组织计划。

(2)冬期施工项目在冰冻前应进行现场放样,保护好控制桩并树立明显的标志,防止被冰雪掩埋。

(3)冰冻前应挖好坡地上填方的台阶,清除石方挖方的表面覆盖层、裸露岩体。

(4)维修保养冬期施工需用的车辆、机具设备,充分备足冬期施工期间的工程材料。

(5)准备施工队伍的生活设施、取暖照明设备、燃料和其他越冬所需的物资。

6105　冬期施工路基基底处理应符合什么规定?

(1)冻结前应完成表层清理,挖好台阶,并应采取保温措施防止冻结。

(2)填筑前应将基底范围内的积雪和冰块清除干净。

(3)对需要换填土地段或坑洼处需补土的基底应选用适宜的填料回填,并及时进行整压实。

(4)基底处理后应立即采取保温措施防止冻结。

6106　冬期填方路堤施工有哪些要求?

(1)路堤填料,应选用未冻结的砂类土、碎石、卵石土、石渣等透水性良好的材料。不得用含水率过大的黏性土。

(2)填筑路堤,应按横断面全宽平填,每层松铺厚度应比正常施工减少 20%～30%,且松铺厚度不得超过 300 mm。当天填土应当天完成碾压。

(3)中途停止填筑时,应整平填层和边坡并进行覆盖防冻,恢复施工时应将表层冰雪清除,并补充压实。

(4)当填筑标高距路床底面 1 m 时,碾压密实后应停止填筑,在顶面覆盖防冻保温层,待冬季过后整理复压,再分层填至设计标高。

(5)冬季过后必须对填方路堤进行补充压实,压实度应达到规范相关要求。

6107 冬期挖方路基施工应符合哪些规定?

(1)挖方边坡不得一次挖到设计线,应预留一定厚度的覆盖层,待到正常施工季节后再修整到设计坡面。

(2)路基挖至路床顶面以上 1 m 时,完成临时排水沟后,应停止开挖,待冬季过后再施工。

6108 冬期开挖路堑表层冻土的施工方法有哪些?选用原则是什么?

冬期开挖路堑表层冻土的施工方法很多,如爆破冻土法、机械破冻法、人工破冻法等,施工时,不同地区应根据不同冻土层厚、不同地质情况自行选用合适、有效的施工方法和施工工艺,但不管采用何种方法,必须保证不给路基带来病害。

6109 雪害地段路基施工有什么基本要求?

(1)应充分理解和掌握防雪工程的设计意图,进行详细现场勘察,核查公路沿线雪害的类型、范围、规模、分布位置等。

(2)应本着不破坏自然景观及生态环境的原则,采用科学的施工工艺,尽量减少在施工过程中造成额外的公路雪害。及时清理现场,严禁随意破坏地表植被。

(3)在修筑高路堤、开挖储雪场及整修山坡的施工中,应及时查明工程地质及水文地质变化,根据实际情况,采取相应措施。

(4)路基排水应充分考虑春季融雪水的渗透作用,根据当地稳定积雪深度及融雪水的情况,采取措施保证路基的稳定及构造物的抗冻融性。路基的纵横向排水、防水系统要完善,保证融雪水顺畅排出。

(5)积雪地段路基及构造物应采用水稳性和抗冻融性较好的材料,对填料的性能指标及其均匀性应加强施工控制检测,保证雪害地段路基及防雪工程的稳定性。

(6)坡面防护施工应适时,防止温度变化、春融雪水作用破坏边坡坡面。

6110　雪崩地段路基施工应注意哪些方面?

(1)应配备专门的观测仪器和人员进行监测,及时预报警示山体塌方、碎石跌落、降雨降雪天气、大量地下水涌出等可能造成的山体变化情况,应制定安全预案,避免施工安全事故。

(2)应及时监测和预防施工机械运转振动造成的坍塌、碎落及山体滑坡。

(3)在同一个雪崩区,防雪工程应从雪崩源头开始施工,上一个单项工程完成后方可开始相邻的下一个单项工程施工。其他类似工程亦应按此要求依次施工。

(4)挖方施工时,应沿等高线开挖水平台阶,按从上到下的顺序开挖台阶,废方堆于台阶下方。

(5)稳雪栅栏可沿等高线设置。稳雪栅栏宜设置多排,最高一排栅栏应尽可能在雪崩裂点附近及雪檐下方,应保证基础的稳定性及锚固钢筋的锚固要求,回填土压实度应不小于95%,栅栏与坡面的交角应严格按设计要求施工。

(6)防雪林的布设应从雪崩源头开始到雪崩运动区,从上到下分期种植适合当地环境的速生树种。

(7)修筑钢筋混凝土或浆砌圬工防雪走廊时,原地基及回填土压实度应不小于95%。应注意结构物的防水、排水及冻融要求,墙后填土应与山坡相顺接。

6111　风吹雪地段路基施工取弃土应注意什么?

(1)路基两侧距边坡坡脚不小于30 m范围内的废方及障碍物应清除,并对地表进行整平,否则,应设置防雪设施。

(2)根据当地主风向、风速等情况选择取土坑的位置。在单一风向的路段,取土坑宜设在路堤背风侧,与路堤边坡坡脚最小距离50 m。在有两向交替风作用的路段,宜集中设置取土坑,与路堤边坡坡脚最小距离100 m,施工完成后应将其边坡修成缓坡,使其平行于主风向的断面平顺通畅。根据需要,填方路堤的取土坑也可用作储雪场。

(3)风吹雪地段路基弃方位置，应位于背风坡一侧、大于 100 m 的低地段或距路堑坡顶的距离不小于 100 m 处，并应将其整理平顺。

6112 风吹雪地段石方路堑(包括积雪平台)的超挖处理有什么要求?

(1)严禁使用劣质开山料或覆盖土回填；

(2)超挖回填部分应选用水稳性和抗冻融性好的材料。

(3)超挖部分不规则或超挖深度超过 80 mm 时，应用混凝土填补找平。

(4)边坡、积雪平台应按以上要求施工整理，并设置向路基坡脚外 2%的坡度，应将积雪平台内进行硬化处理。

(5)土质路堑或遇水崩解软化的风化泥质页岩类路堑的路床(包括积雪平台)压实度应符合规范的规定，积雪平台应设置向外 2%的坡度，路基边坡应严格按防雪设计要求施工，将废方或障碍物清理到设计指定的位置。

(6)挖方路基边坡一般不陡于 1∶4。当外侧剩余台地工程量不大时，宜全部挖除。

第二节 雨期路基施工

6201 雨期施工地段的选择原则是什么?哪些地段适宜于雨期施工?哪些地段不适宜?

对选择好雨期施工的地段，要进行详细的现场调查研究，核实编制好实施性的施工组织计划，重点解决防排水问题，要把临时排水和永久排水衔接好，把水引入沿线桥涵及排水沟渠，形成完整的排水系统，保证雨期施工场地不被淹没，不积水，使其尽快恢复施工。

(1)雨期路基施工地段一般应选择丘陵和山岭地区的砂类土、碎砾石和岩石地段和路堑的弃方地段。

(2)重黏土、膨胀土及盐渍土地段不宜在雨期施工;平原地区排水困难不宜安排雨期施工。

6202　雨期施工前应做好哪些准备工作?

(1)对选择的雨期施工地段进行详细的现场调查研究,编制实施性的雨期施工组织计划。

(2)应修路施工便道并保持晴雨畅通。

(3)住地、库房、车辆机具停放场地、生产设施都应设在最高洪水位以上地点或高地上,并应保持泥石流沟槽冲积堆一定的安全距离。

(4)应修建临时排水设施,保证雨期作业的场地不被洪水淹没并能及时排除地面水。

(5)应储备足够的工程材料和生活物资。

6203　雨期施工应准备的物资一般有哪些?如何存放?

(1)石料、石粉,其存放应分类分别堆放,料场做好周边及道路排水设施,保证材料供应不受雨季影响。

(2)抽水泵,包括电抽水泵、汽油抽水泵,数量应充足,性能良好,做好维护保养工作。

(3)水泥要存放在棚内或仓库内,底部高出地面 50 cm,采用木方支垫,木方上面铺塑料布进行防潮,顶部和四周围用塑料布严密苫盖进行防潮、防水。

(4)石灰,一次备料不宜太多,要大堆堆放时,必须堆放在高处。材料周围要设排水沟,便于排水,以免被水浸泡。石灰消解时及时根据天气情况掌握含水率,防止水分偏大被雨水淋湿。消解石灰时,尽量做到随用随消解,避免雨淋后石灰的活性成分降低。已消解的石灰如果被淋落,要对石灰的活性钙重新测定,可降级使用的降级使用,不能使用的清除场外禁止使用。

(5)现场材料堆放整齐,并采取有效的防雨、防潮措施。考察料场或加工区周围的市内排水管网的来龙去脉，设计好料场或加工区的排水设施，保证在大雨到来时料场或加工区内的雨水及时排出场外。

6204 雨期施工路基排水应符合哪些规定？

(1)雨期施工应综合规划、合理设置现场防排水系统，采取有效措施，及时引排地面水。

(2)对施工临时挤占的沟渠、河道应采取措施保证不降低原有的排水能力。

(3)路堤填筑的每一层表面应设2%～4%的排水横坡。

(4)在已填路堤路肩处，应采取设置纵向临时挡水土埂、每隔一定距离设出水口和排水槽等措施，引排雨水至排水系统。

(5)雨期路堑施工宜分层开挖，每挖一层均应设置纵横排水坡，使水排放畅通。

6205 雨期施工路基基底应如何处理？

(1)在雨期前应将基底处理好，孔洞、坑洼处填平夯实，整平基底，并设纵横排水坡。

(2)低洼地段，应在雨期前将原地面处理好，并将填筑作业面填筑到可能的最高积水位0.5 m以上。

6206 雨期施工填方路堤有什么规定？

(1)填料应选用透水性好的碎(卵)石土、砂砾、石方碎渣和砂类土等。利用挖方土作填料，含水率符合要求时，应随挖随填及时压实。含水率过大难以晾晒的土不得用作雨期施工填料。

(2)雨期填筑路堤需借土时，取土坑的设置应满足路基稳定的要求。

(3)路堤应分层填筑，当天填筑的土层应当天或雨前完成压实。

6207　雨期施工挖方路基有什么规定?

(1)挖方边坡不宜一次挖到设计坡面,应预留一定厚度的覆盖层,待雨期过后再修整到设计坡面。

(2)雨期开挖路堑,当挖至路床顶面以上 300～500 mm 时应停止开挖,并在两侧挖好临时排水沟,待雨期过后再施工。

(3)雨期开挖岩石路基,炮眼宜水平设置。

6208　雨期施工的取土场设置及取土施工应注意什么?

取土场取土前应先做好截排水设施,并随时注意检查;取土区保持排水系统通畅,并与原有排水系统相连接;排出的雨水不得危及附近建筑物地基、道路和农田。采取其他防渗措施,保持边坡稳定;为了避免雨水、地表水不渗入或少渗入主体内,不使挖掘发生困难,在挖土面和工作场地,随时保持一定的坡度,以便雨后只需铲除少量湿土即可使用。如所挖掘土方有地下渗水,在工作场地挖掘纵横沟渠或做成盲沟将水引出,以保证雨后土壤干燥。

取土场土方开挖过程中,如因突然降雨而中途停止,复工前派人到取土场详细检查。如发现取土场边坡上方有裂缝,或发现边坡开裂,土有塌落的可能,慎重处理后方许开工。

装卸潮湿泥土时,为减少湿土粘着工具和车厢,在与湿土接触部分,先撒干砂或干细土。

6209　雨期施工的用电安全应注意哪些方面?

(1)对露天放置的大型机电设备要防雨、防潮,对其机械螺栓、轴承部分要经常加油并转动以防锈蚀,所有机电设备都要严格执行"一机一闸一保护"制度,投入使用前必须做好保护电流的测试,严格控制在允许范围内。在现场的最高机械起重机上加装避雷针,施工现场的低压配电室应将进出线绝缘子铁脚与配电室的接地装置相连接,以防雷电波侵入。

(2)在施工现场比较固定的机电设备(对焊机、电锯、电刨等)

要搭设防雨棚或对电机加防护罩;不允许用塑料布包裹)。

(3)对于变压器,避雷器的接地电阻值必须进行复测(电阻值不大于 4 Ω),不符合要求的必须及时处理。对于避雷器要作一次预防性试验。

(4)机电设备的安装、电气线路的架设必须严格按照临时用电方案措施执行。

(5)各种机械的机电设备的电器开关,要有防雨、防潮设施。

(6)雨后对各种机电设备,临时线路,外用脚手架等进行巡视检查,如发生倾斜、变形、下沉、漏电等迹象,应立即标志危险警示并及时修理加固,有严重危险的立即停工处理。

(7)施工现场的移动配电箱及施工机具全部使用绝缘防水线。用后应放回工地库房或加以遮盖防雨,不得放在露天淋雨,不得放在坑内,防止雨水浸泡、淹没。

(8)加强用电安全巡视,检查每台机器的接地接零是否正常,检查线路是否完好,若不符合要求,及时整改。

(9)雨天作业,机械操作人员应戴绝缘手套、穿雨靴操作。

第七章　路基防护与支挡

第一节　坡面防护

7101　什么是坡面防护？常用的方法有哪些？

坡面防护主要是保护路基边坡表面，免受雨水冲刷，减缓温差及温度变化的影响，防止和延缓软弱岩土表面的风化、碎裂、剥蚀演变进程，从而保护路基边坡的整体稳定性，在一定程度上还可美化路容，协调自然环境。常用的坡面防护方法有以下四类。

(1)植物防护：种草、铺草皮、植树。

(2)骨架植物防护：浆砌片石(或混凝土)骨架植草、水泥混凝土空心块护坡、锚杆混凝土框架植草。

(3)圬工防护：喷浆、喷射混凝土、干砌片石护坡、浆砌片(卵)石护坡、浆砌片石护面墙、锚杆钢丝网喷浆或喷射混凝土护坡、封面、捶面。

(4)土工织物防护。

7102　植物防护适用于什么情况下采用？

(1)种草防护：适用于边坡稳定，坡面受雨水冲刷轻微，且易于草类生长的路堤与路建边坡。选用根系发达、叶茎低矮、多年生长且适宜于当地土壤和气候条件的草种，植于 40 cm(无熟土时，表土厚度 20 cm)表土层。播种方法有撒播法、喷播法和行播法。

(2)铺草皮：适用于需要迅速绿化的土质边坡。草皮护坡铺置形式有平铺式、叠铺式、方格式和卵(片)石方格式四种。

(3)植灌木：种草、铺草皮配合使用，使坡面形成良好的防护层，适用于土质边坡和膨胀土边坡，但对盐渍土经常浸水、经常干旱的边坡及粉质土边坡不宜采用。灌木宜植于 1∶1.5 或更缓的边坡上，或在堤岸边的河滩上，用以降低流速，促使泥沙淤积。

7103　植被防护施工有哪些基本要求？

(1)植被施工，铺、种植被后，应适时进行洒水、施肥等养护管理，直到植被成活。

(2)种草施工，草籽应撒布均匀，同时做好保护措施。

(3)灌木(树木)应在适宜季节栽植。

(4)养护用水应不含油、酸、碱、盐等有碍草木生长的成份。

7104　三维植被网防护施工应符合哪些规定？

(1)三维植被网中的回填土应符合设计要求，宜采用种植土，或土、肥料及腐殖质土的混合物。

(2)三维植被网应符合设计及有关标准。

(3)三维植被网的搭接宽度不宜小于 100 mm。

7105　骨架植物防护适用于什么条件下采用？

(1)框格防护适用于土质或风化岩石边坡，框格防护可采用混凝土、浆砌片(块)石、卵(砾)石等作骨架，框格内宜采用植物防护或其他辅助防护措施。

(2)浆砌预制块防护适用于石料缺乏地区。预制块的混凝土强度不应低于 C15，在严寒地区不应低于 C20。

7106　浆砌片石(或混凝土)骨架植草防护施工应符合哪些规定？

(1)骨架内应采用植物或其他辅助防护措施。植草草皮下宜有 50～100 mm 厚的种植土，草皮应与坡面和骨架密贴。

(2)应及时对草皮进行养护。

7107　水泥混凝土空心块护坡施工有什么要求？

(1)预制块铺置应在路堤沉降稳定后方可施工。

(2)预制块铺置前应将坡面整平。

(3)预制块经验收合格后方可使用。

(4)预制块应与坡面紧贴,不得有空隙,并与相邻坡面平顺。

7108　圬工防护的适用条件是什么?

(1)喷浆和喷射混凝土防护适用于边坡易风化、裂隙和节理发育、坡面不平整的岩石挖方边坡。

(2)干砌片石护坡适用于易受水流侵蚀的土质边坡、严重剥落的软质岩石边坡、周期性浸水及受水流冲刷较轻(流速小于2~4 m/s)的河岸或水库岸坡的坡面防护。

(3)浆砌片(卵)石护坡适用于防护流速较大(3~6 m/s)、波浪作用较强、有流水、漂浮物等撞击的边坡。对过分潮湿或冻害严重的土质边坡应先采取排水措施再行铺筑。

(4)护面墙用于封闭各种软质岩层和较破碎的挖方边坡以及坡面易受侵蚀的土质边坡。用护面墙防护的挖方边坡不宜陡于1∶0.5,并应符合极限稳定边坡的要求。护面墙分为实体、窗孔式、拱式等类型,应根据边坡地质条件合理选用。

(5)锚杆钢丝网喷浆或喷射混凝土护坡适用于直面为碎裂结构的硬岩或层状结构的不连续地层,以及坡面岩石与基岩分离并有可能下滑的挖方边坡。

(6)抹面防护适用于易风化的软质岩石挖方边坡,岩石表面比较完整,尚无剥落。捶面防护适用于易受雨水冲刷的土质边坡和易风化的岩石边坡。

7109　喷浆防护施工应符合哪些规定?

(1)喷护前应采取措施对泉水、渗水进行处治,并按设计要求设置泄水孔,排、防积水。

(2)喷射顺序应自下而上进行。

(3)砂浆初凝后,应立即开始养生,养护期一般为5~7 d。

(4)应及时对喷浆层顶部进行封闭处理。

7110 喷射混凝土防护施工有什么基本要求？

(1)作业前应进行试喷，选择合适的水灰比和喷射压力。喷射混凝土宜自下而上进行。

(2)做好泄水孔和伸缩缝。

(3)喷射混凝土初凝后，应立即养生，养护期一般为7～10 d。

7111 锚杆挂网喷射混凝土(砂浆)防护施工应如何施做？

(1)锚杆应嵌入稳固基岩内，锚固深度根据设计要求结合岩体性质确定。锚杆孔深应大于锚固长度200 mm。

(2)钢筋保护层厚度不宜小于20 mm。

(3)固定锚杆的砂浆应捣固密实，钢筋网应与锚杆连接牢固。

(4)铺设钢筋网前宜在岩面喷射一层混凝土，钢筋网与岩面的间隙宜为30 mm，然后再喷射混凝土至设计厚度。

(5)喷射混凝土的厚度要均匀，钢筋网及锚杆不得外露。

(6)做好泄、排水孔和伸缩缝。

7112 干砌片石护坡施工有什么要求？

(1)边坡为粉质土、松散的砂或粉砂土等易被冲蚀的土时，碎石或砂砾垫层厚度不宜小于100 mm。

(2)基础应选用较大石块砌筑，如基础与排水沟相连，其基础应设在沟底以下，并按设计要求砌筑浆砌片石。

(3)砌筑应彼此镶紧，接缝要错开，缝隙间用小石块填满塞紧。

7113 浆砌片(卵)石护坡的砌筑有哪些要求？

(1)砂浆终凝前，砌体应覆盖，砂浆初凝后，立即进行养生。

(2)路堤边坡采用浆砌片石护坡，宜在路堤沉降稳定后施工。

(3)在冻胀变化较大的土质边坡上，护坡底面应铺设100～150 mm厚的碎石或砂砾垫层。

(4)浆砌片石护坡每10～15 m应留一伸缩缝，缝宽20～30 mm。在基底地质有变化处，应设沉降缝，可将伸缩缝与沉降缝合并设置。

(5)泄水孔的位置和反滤层的设置应符合设计要求。

7114　水泥混凝土预制块护坡施工应注意哪些问题？

(1)在寒冷地区，预制块混凝土强度不宜低于C20。

(2)路堤边坡护坡宜在路堤沉降稳定后施工。

(3)铺设混凝土预制块前应将坡面平整，碎石或砂砾垫层的厚度不宜小于100 mm。

(4)预制块应错缝砌筑，砌筑坡面应平顺，并与相邻坡面顺接。

(5)泄水孔的位置应符合设计要求，并保证畅通。

7115　浆砌片石护面墙施工应符合哪些规定？

(1)修筑护面墙前，应清除边坡风化层至新鲜岩面。对风化迅速的岩层，清挖到新鲜岩面后应立即修筑护面墙。

(2)护面墙的基础应设置在稳定的地基上，地基承载能力不够，应采取加固措施，基础埋置深度应根据地质条件确定，冰冻地区应埋置在冰冻深度以下至少250 mm。

(3)护面墙背必须与路基坡面密贴，边坡局部凹陷处，应挖成台阶后用与墙身相同的圬工砌补，不得回填土石或干砌片石。坡顶护面墙与坡面之间应按设计要求做好防渗处理。

(4)应按设计要求做好伸缩缝。当护面墙基础修筑在不同岩层上时，应在变化处设置沉降缝。

(5)泄水孔的位置和反滤层的设置应符合设计要求。

7116　封面防护施工应符合什么规定？

(1)封面防护不宜在严寒冬季和雨天施工。

(2)封面前岩体表面要冲洗干净,土体表面要平整、密实、湿润。

(3)封面厚度应符合设计要求,封面应分两层进行施工,底层为全厚的 2/3,面层为全厚的 1/3。封面厚度要均匀,表面光滑,封面与坡面应密贴稳固。

(4)大面积封面宜每隔 5～10 m 设伸缩缝,缝宽 10～20 mm。

(5)封面初凝后应立即进行养生。

(6)按设计要求做好边坡封顶和排水设施。

7117 捶面护坡施工的基本要求是什么?

(1)嵌补填平边坡坑凹、裂缝。

(2)厚度要均匀,表面光滑,捶面与坡面应密贴稳固。

(3)伸缩缝设置、边坡封顶、排水、养生方法、气候要求与封面防护施工要求相同。

7118 膨胀土路基边坡防护应注意什么?

(1)边坡施工应避开雨季作业,以防边坡遇水膨胀破坏。

(2)边坡施工过程中,应注意做好防排水,顶部应及时封闭。

(3)边坡修整后,应立即防护。

7119 土工织物防护适用于什么地方?

(1)挂网式坡面防护适用于风化碎落较严重的岩石边坡。沿边坡悬挂的土工网能截住落石,引导其进入边沟或其他可控制地区。落石直径较大,边坡倾角大于 40°时不宜使用。

(2)土工织物复合植被防护坡面综合了土工织物和植被两类防护的优点,其典型形式是三维土工网(垫)植草防护,主要适用于边坡坡度缓于 1∶1,边坡高度小于 3 m 的土质边坡。

(3)其他土工织物防护有草坪植生带、适用于破碎或易风化破碎的岩石路堑边坡的锚杆挂高强塑料网格喷浆(喷射混凝土),以及土工织物作反滤层的护坡。

第二节 沿河路基防护

7201 沿河路基直接防护适用于什么情况下使用？有哪些防护方法？

当路堤冲刷主要是洪水急流，水位变迁不定，水流速度较大(达到 3.0 m/s 或更高)时，植树与石砌防护失效，可采用以下直接防护措施。

(1)抛石：用于经常浸水且水深较大的路基边坡或坡脚以及挡土墙、护坡的基础防护。抛石一般多用于抢修工程。

(2)石笼：沿河路堤坡脚或洞岸，当受水流冲刷和风浪侵袭，且防护工程基础不易处理或沿河挡土墙、护坡基础局部冲刷深度过大时，可采用石笼防护。

钢丝石笼多用于抢修或临时工程，不得用于急流滚石河段，必要时对钢丝笼灌注小石子水泥混凝土。钢丝石笼一般可容许流速 4～5 m/s 的水流冲刷。钢筋混凝土框架石笼可用于急流滚石河段。

7202 沿河路基间接防护适用于什么情况下使用？有哪些防护方法？

(1)护坝：当沿河路基挡土墙、护坡的局部冲刷深度过大，深基础施工不便时，宜采用护坝防护基础。

(2)丁坝：适用于宽浅变迁河段，用以挑流或减低流速，减轻水流对河岸或路基的冲刷。

(3)顺坝：适用于河床断面较窄、基础地质条件较差的河岸或沿河路基防护，调整流水曲线度和改善流态。

(4)改移河道：沿河路基受水流冲刷严重，或防护工程艰巨，以及路线在短距离内多次跨越弯曲河道时可改移河道。对主河槽改动频繁的变迁性河流或支流较多的河段不宜改河。

7203 沿河路基采用植物防护时,应注意哪些方面?

(1)经常浸水或长期浸水的路堤边坡,不宜采用种草防护。

(2)沿河路堤边坡铺草皮防护,宜采用平铺、叠铺草皮的方法,坡面及基础部分的铺置应符合设计要求。基础部分的铺置层表面应与地面齐平。

(3)植树防护宜采用带状或条形。防护河岸路基或防御风浪侵蚀,宜采用横行带状;防护桥头引道路堤,宜采用纵行带状。

(4)植树应选用喜水性树种,林带应由多行树木组成,乔灌木要密植。

(5)植树后,应采取有效措施加以保护。

7204 砌石或混凝土防护的适用条件是什么?

砌石或混凝土防护包括干砌片石、浆砌片石及混凝土板等防护。干砌片石防护适用于易受水流侵蚀的土质边坡,严重剥落的软质岩石边坡,周期性浸水及受冲刷轻的且流速为 2～4 m/s 的河岸路基及边坡;浆砌片(卵)石防护适用于经常浸水的受水流冲刷(流速 3～6 m/s)或受较强烈的波浪作用,以及可能有流水、漂浮物等冲击作用的河岸路基;混凝土板防护常用于路堤及河岸的边坡,以抵抗渗透水及波浪的破坏。其允许流速在 4～8 m/s 以上。

7205 沿河路基采用砌石或混凝土防护时,施工应符合哪些规定?

(1)石料应选用未风化的坚硬岩石。

(2)开挖基坑时,应核对地质情况,与设计要求不符时,应进行处理。基础完成后应及时用符合设计要求的材料回填。

(3)铺砌层底面的碎石、砂砾石垫层或反滤层,应符合设计要求。

(4)坡面密实、平整、稳定后方可铺砌。砌块应交错嵌紧,严禁浮塞。砂浆应饱满、密实,不得有悬浆。

(5)每 10～15 m 宜设伸缩缝，基底土质变化处应设沉降缝，并按设计要求做好伸缩缝、沉降缝及泄水孔。

(6)采用干、浆砌片石时，不得大面平铺，石块应彼此交错搭接，不得松动。采用干、浆砌河卵石时，必须长方向垂直坡面，成横行栽砌牢固。采用铺砌混凝土预制块时，应按设计规格和要求检验合格后方可铺筑。就地浇筑混凝土板时，宜采取措施提高早期强度，混凝土表面应平整、光滑。

7206　抛石防护时，不同水深、流速的河流应采用多大直径的石块及边坡坡度？

抛石坡度和选用石料块应根据水深、流速和波浪情况确定。备料应核实水流及波浪作用下石块的稳定性，最好按其测算结果指导施工。抛石边坡坡度值见表 7-1，石料粒径一般不小于 300～500 mm，其石料粒径与水深、流速关系见表 7-2。

表 7-1　抛石边坡坡度值关系表

水文条件	采用边坡
水浅、流速较小	1∶1.2～1∶2.5
水深 2～6 m，流速较大，波浪汹涌	1∶2～1∶3
水深大于 6 m，在急流中施工	1∶2～1∶3

表 7-2　抛石粒径与水深、流速关系

抛石粒径(cm)	水深(m)				
	0.4	1.0	2.0	3.0	5.0
	容许流速(m/s)				
15	2.70	3.00	3.40	3.70	4.00
20	3.15	3.45	3.90	4.20	4.50
30	3.50	3.95	4.25	4.45	5.00
40	—	4.30	4.45	4.80	5.05
50	—		4.85	5.00	5.40

7207 抛石防护施工时有什么要求?

(1)抛石体边坡坡度和石料粒径应根据水深、流速和波浪情况确定,石料粒径应大于 300 mm,宜用大小不同的石块掺杂抛投。坡度应不陡于抛石石料浸水后的天然休止角。

(2)抛石厚度,宜为粒径的 3～4 倍;用大粒径时,不得小于 2 倍。

(3)抛石石料应选用质地坚硬、耐冻且不易风化崩解的石块。

(4)抛石防护除特殊情况外,宜在枯水季节施工。

7208 石笼防护适宜于什么时候采用?

石笼是加固河床和路堤防止冲刷较好的柔性体防护。铁丝石笼能经受较高流速的冲刷,一般可抵抗 4～5 m/s 流速,体积大的可抵抗 5～6 m/s 流速,允许波浪高 1.5～1.8 m 的水流。

在水流含有大量泥砂及基底地质良好的条件下,才宜采用石笼防护。石笼具有较好的柔性,当水流含有大量泥砂时,石笼中的空隙能很快淤满,而形成一整体防护层,其防护效果会更好些,但必须将各个铁丝石笼单元间彼此很好连接起来成为一个完整的柔性体。

7209 采用石笼防护沿河路基时,有什么基本要求?

(1)根据设计要求或根据不同情况和用途,合理选用石笼形状。

(2)应选用浸水不崩解、不易风化的石料。

(3)基底应大致整平,必要时用碎石或砾石垫层找平。

(4)石笼应做到位置正确,搭叠衔接稳固、紧密,确保整体性。

7210 土工膜袋防护用于沿河路基时,施工应符合什么规定?

(1)按设计要求整平坡面,放线定位,挖好边界处理沟。

(2)膜袋铺展后应拉紧固定,防止充填时下滑。

(3)充填材料应根据设计要求和实际情况合理选用,充填应连续。

(4)需要排水的边坡,应适时开孔设置排水管。

(5)膜袋顶部宜采用浆砌块石固定。有地面径流处,坡顶应采取防护措施,防止地表水侵蚀膜袋底部。

(6)岸坡膜袋底端应设压脚或护脚棱体,有冲刷处应采取防冲措施。

(7)膜袋护坡的侧翼宜设压袋沟。

(8)膜袋与坡面间应按设计要求铺设好土工织物滤层。

7211　丁坝的作用是什么?其平面防护的重点是什么?

丁坝也称挑水坝,其作用是迫使水流改变方向,离开被防护的河岸。由于丁坝压缩水流断面,扰乱原来水流性质,坝头附近出现强烈局部冲刷,故不仅坝头的基础必须深埋,而且还需做平面防护。

平面防护一般宜选用浆砌片石、石笼等坚固耐用的防护类型。平面防护有长防护和坝头防护两种方法。防护宽度,在迎水面可取 2～4 m,在背水平可取 1～2 m,对于长防护,坝头最宽,逐渐向坝根减窄;对坝头防护,其防护宽度等于坝长的 0.3 倍,且宽度不变窄。顶坝坝头附近尤其第一节丁坝受强烈局部冲刷和漂物强烈撞击更为严重,必须严控施工质量。

7212　丁坝防护施工应该注意哪些方面?

(1)施工前应制定合理的施工方案,合理安排工期,避免因工期过长引起农田、村庄、上下游路基冲刷。

(2)丁坝坝头应做平面防护。

(3)应处理好坝根与相连接的地层或其他防护设施的衔接。

(4)丁坝间的河岸或路基边坡所承受的容许流速小于水流靠岸回流流速时,应缩短坝距或对河岸及路基边坡采取防护措施。

7213 顺坝防护施工有哪些方面应该注意？

(1)顺坝与上下游河岸的衔接，应使水流顺畅，起点应选择在水流匀顺的过渡段，坝根位置宜设在主流转向点的上方。

(2)坝根嵌入稳定河岸内的距离应符合设计要求，坝根附近河岸应防护加固至上游不受水流冲击处。

7214 沿河路基改移河道时有什么规定？

(1)改移河道工程应在枯水时期施工。一个旱季不能完成时，应采取防洪措施。

(2)河道开挖应先挖好中段，然后再开挖两端，确认新河床工程已符合要求后，方可挖通其上游河段。

(3)利用开挖新河道的土石填平旧河道时，在新河道未通流前，旧河道应保持适当的流水断面。

(4)通流时，改河上游进口河段的河床纵坡宜稍大于设计坡度。

(5)河床加固设施及导流构造物的施工应合理安排，及时配套完成。

第三节 挡土墙

7301 什么是挡土墙？有哪些种类？

挡土墙是用于支撑路基填土或者山坡土体侧压力、防止边坡、山坡变形失稳、路基主体崩塌而设置在路旁的墙体结构物。广泛用于支撑路基边坡、桥台、桥头引道和隧道洞口等处。

按挡墙在路基断面上的位置分类：路堑墙、路肩墙、路堤挡墙、山坡挡墙、桥头挡墙。

按挡墙的结构形式分类：重力式挡墙(分为竖直式、俯斜式、仰斜式、折线式、衡重式五种)、锚定式挡墙(分为锚杆式、锚定板式两种)、薄壁式挡墙(分为悬臂式、扶壁式两种)、加筋土挡墙、土钉挡墙等。

7302　路基上不同位置的挡墙设置在什么位置？有什么作用？

(1)路堑墙:稳定路堑边坡的挡墙称路堑墙,使用于山坡陡峻处和地质不良地段,可降低边破高度、减少开挖、支撑滑坍的山坡土体、防止地质不良地段的滑坡。

(2)路肩墙:墙顶置于路肩(不占据硬路肩)时,称路肩墙,使用于陡坡路堤,为保证路堤稳定,收缩坡脚;为避免与其他建筑物(如房屋、铁路、水渠等)干扰或防止多占农田;为防止沿河路堤受水流冲刷和淘刷。

(3)路堤挡墙:支撑路堤边坡、墙顶以上尚有一定的填土,使用于地形受限,陡坡路堤,收缩坡脚,保证沿河路堤不受水流冲刷。

(4)山坡挡墙:设置在山坡上的挡墙,使用于支撑山坡覆盖层用以支挡山坡上可能滑坍的覆盖层土体、破碎岩层或滑坡。

(5)桥头挡墙:支撑桥台背后填土,使用于桥梁与路基过渡段,防止路基靠近桥台背土的塌陷。

7303　路基在什么情况下宜修建挡土墙？

(1)陡坡路段或岩石风化的路堑边坡路段;

(2)为避免大量挖方及需要降低路基边坡高度以减少工程量的路段;

(3)强化不良地质路段边坡稳定性,防滑坍;

(4)防沿河路段水流冲刷,水流冲刷严重或长期浸水的沿河路基;

(5)桥梁或隧道与路基的连接路段;

(6)节约用地、减少拆迁、少占农田;

(7)需要特殊保护的路段(建筑物、生态坏境、文化古迹)。

7304 挡土墙的基坑开挖有什么要求?

(1)施工过程中应对地质情况进行核对,与设计不符时,应及时处理。

(2)基坑开挖宜分段跳槽进行。

(3)坑内积水应随时排干。

(4)采用倾斜基底时,基底标高应按设计控制,不得超挖填补。

7305 挡土墙施工的基本要求是什么?

(1)挡土墙施工前,应做好截、排水及防渗设施。

(2)在岩体破碎、土质松软或地下水丰富地段修建挡土墙,宜避开雨季施工。

(3)基坑开挖应符合规范要求,基底检验合格后,应及时进行下道工序施工。

(4)挡土墙端部伸入路堤或嵌入地层部分应与墙体同时砌筑。挡土墙顶应找平抹面或勾缝,其与边坡间的空隙应用黏土或其他材料夯填封闭。

(5)挡土墙与桥台、隧道洞门连接应协调施工,必要时应加临时支撑,确保与墙相接的填方或山体的稳定。

7306 什么是重力式挡土墙?有什么特点?

重力式挡土墙依靠圬工墙体的自重抵抗墙后土体的侧向推力(土压力),以维持土体的稳定,是我国目前最常用的一种挡土墙形式,多用浆砌片(块)石砌筑。缺乏石料地区,有时可用混凝土预制块作为砌体,也可直接用混凝土浇筑,一般不配钢筋或只在局部范围配置少量钢筋。

这种挡土墙形式简单、施工方便。可就地取材、适应性强,因而应用广泛。缺点是墙身截面大,圬工数量也大,在软弱地基上修建往往受到承载力的限制,墙高不宜过高。

7307　各种重力式挡墙有什么特点及适用范围?

(1)仰斜式:墙背所受的土压力较小,用于路堑墙时,墙背与开挖面边坡较贴合,因而开挖和回填量均较小,但墙后填土不易压实,不便施工。适用于路堑墙及墙趾处地面平坦的路肩墙或路堤墙。

(2)俯斜式:墙背所受土压力较大,其墙身截面较仰斜式墙大,通常在地面横披陡峻时,借助陡直的墙面,俯斜墙背可做成台阶形,以增加墙背与填土间的摩擦力。

(3)竖直式:墙背的特点,介于仰斜式和俯斜式之间,多用于路肩墙、路堤墙。

(4)折线式:是由仰斜墙演变而来,上部俯斜、下部仰斜,以减小上部截面尺寸,多用于路堑墙,也可用于路肩墙。

(5)衡重式:墙背在上下墙间设有衡重台,利用衡重台上填土的重量使全墙重心后移,增加了墙身的稳定,因采用陡直的墙面,且下墙来用仰斜峭背,因而可以减小墙身高度,减少开挖工作量,适用于山区地形陡峻处的路肩墙和路堤墙,也可用于路堑墙。

7308　重力式挡墙基础施工有哪些规定?

(1)应将基底表面风化、松软土石清除。

(2)硬质岩石基坑中的基础,宜满坑砌筑。

(3)雨季在土质或易风化软质岩石基坑中砌筑基础时,应在基坑挖好后及时封闭坑底。当基底设有向内倾斜的稳定横坡时,应采取临时排水措施,辅以必要座浆后安砌基础。

(4)采用台阶式基础时,台阶与墙体应连在一起同时砌筑,基底及墙趾台阶转折处不得砌成垂直通缝,砌体与台阶壁间的缝隙砂浆应饱满。

(5)基坑应随砌筑分层回填夯实,并在表面留 3%的向外斜坡。

7309 重力式挡墙墙身施工应符合什么规定?

(1)墙身要分层错缝砌筑,砌出地面后基坑应及时回填夯实,并完成其顶面排水、防渗设施。

(2)伸缩缝与沉降缝内两侧壁应竖直、平齐,无搭叠;缝中防水材料应按设计要求施工。

(3)泄水孔应在砌筑墙身过程中设置,确保排水畅通,并应保证墙背反滤、防渗设施的施工质量。

(4)当墙身的强度达到设计强度的75%时,方可进行回填等工作。在距墙背0.5~1.0 m以内,不宜用重型振动压路机碾压。

7310 悬臂式和扶壁式挡土墙的施工应注意哪些问题?

(1)凸榫必须按照设计尺寸开挖,并与墙底板一同灌注混凝土。

(2)现场整体浇筑时,每段墙的底板、面板和肋的钢筋应一次绑扎,宜一次完成混凝土灌注。当采用现场分段浇筑时,应按设计要求进行施工,并预埋好连结钢筋,连接处混凝土面应严格凿毛,并清洗干净。

(3)灌注混凝土后,应按有关规定进行养护。墙体达到设计强度的75%以后方可进行墙背填土,并应按设计要求的填料和密实度分层填筑、压实;墙背排水设施应随填土及时施工。

(4)装配法施工应符合下列规定:

1)基础混凝土强度达到设计强度75%后,方可安装。

2)预制墙板与基础必须按设计要求连接牢固。

3)预制墙板预制、安装质量应符合规范的规定。

7311 锚杆式挡土墙有什么特点?一般用于什么地方?

锚杆式挡土墙是利用锚杆技术形成的一种挡土结构物。锚杆一端与工程结构物连接,另一端通过钻孔、插入锚杆、灌浆、养护等工序锚固在稳定的地层中,以承受土压力对结构物所施加的推力,从而利用锚杆与地层间的锚固力来维持结构物的稳定。

锚杆挡土墙的优点是结构重量轻，节约大量的圬工和节省工程投资；利于挡土墙的机械化、装配化施工，提高劳动生产率；少量开挖基坑，克服不良地基开挖的困难，并利于施工安全。锚杆挡土墙缺点是施工工艺要求较高，要有钻孔、灌浆等配套的专用机械设备，且要耗用一定的钢材。

锚杆挡土墙适用于缺乏石料的地区和挖基困难的地段，一般用于岩质路堑路段，但其他具有锚固条件的路堑墙也可使用，还可应用于陡坡路堤。

7312 锚杆挡土墙分为哪两类？是如何稳定土体的？

锚杆挡土墙由于锚固地层、施工方法、受力状态以及结构形式等的不同，有各种各样的形式。按墙面的结构形式可分为柱板式锚杆挡土墙和壁板式锚杆挡土墙。

(1)柱板式锚杆挡土墙是由挡土板、肋柱和锚杆组成，肋柱是挡土板的支座，锚杆是肋柱的支座，墙后的侧向土压力作用于挡土板上，并通过挡土板传给胁柱，再由肋柱传给锚杆，由锚杆与周围地层之间的锚固力，即锚杆抗拔力使之平衡，以维持墙身及墙后土体的稳定。

(2)壁板式锚杆挡土墙是由墙面板(壁面板)和锚杆组成，墙面板直接与锚杆连接，并以锚杆为支撑，土压力通过墙面板传给销杆，依靠锚杆与周围地层之间的锚固力(即抗拔力)抵抗土压力，以维持挡土墙的平衡与稳定。

7313 锚杆挡土墙的施工应注意哪些问题？

(1)锚杆应按设计尺寸下料、调直、除污、加工。

(2)按照设计要求，在施工前应作锚杆抗拔力验证试验。

(3)钻孔施工应符合下列规定：

1)施工前，应清除岩面松动石块，整平墙背坡面。

2)根据设计孔径及岩土性质合理选择钻孔机具。

3)孔轴应保持直线，孔位允许偏差为±50 mm，深度允许偏差为－10～＋50 mm。

4)钻孔后应将孔内粉尘、石渣清理干净。

(4)安装普通砂浆锚杆应符合下列规定：

1)锚杆应安装在孔位中心。

2)锚杆未插入岩层部分，必须按设计要求作防锈处理。

3)有水地段安装锚杆，应将孔内的水排出或采用早强速凝药包式锚杆。

4)砂浆应随拌随用。

5)宜先插入锚杆然后灌浆，灌浆应采用孔底注浆法，灌浆管应插至距孔底50～100 mm，并随水泥砂浆的注入逐渐拔出，灌浆压强宜不小于0.2 MPa。

6)砂浆锚杆安装后，不得敲击、摇动。普通砂浆锚杆在3 d内，早强砂浆锚杆在12 h内，不得在杆体上悬挂重物。必须待砂浆达到设计强度的75%后方可安装肋柱、墙板。

(5)安装墙板时，应边安装墙板边进行墙背回填及墙背排水系统施工。

7314 锚定板挡土墙的施工有什么规定？

(1)拉杆使用前应按规定取样试验。拉杆埋于土中部分，必须进行防锈处理。

(2)吊装时应保证肋柱不前倾。

(3)拉杆及锚定板埋设，应先填土后挖槽就位；挖槽时，锚定板比设计位置宜高30～50 mm。锚定板前方超挖部分宜用C10水泥混凝土或灰土回填夯实。严禁直接碾压拉杆和锚定板。

(4)肋柱、锚定板上的锚头及螺丝杆应作防锈处理和防水封闭。

(5)分级平台应按设计要求进行封闭，并设2%的外倾排水坡。

7315　什么是加筋土挡土墙？有什么特点？

加筋土挡土墙是在土中加入拉筋，利用拉筋与土之间的摩擦作用，改善土体的变形条件和提高土体的工程特性，从而达到稳定土体的目的。加筋土挡土墙由填料、在填料中布置的拉筋以及墙面板三部分组成。一般应用于地形较为平坦且宽敞的填方路段上，在挖方路段或地形陡峭的山坡，由于不利于布置拉筋，一般不宜使用。

加筋土是柔性结构物，能够适应地基轻微的变形，填土引起的地基变形对加筋土挡土墙的稳定性影响比对其他结构物小，地基的处理也较简便。

7316　加筋土挡土墙的施工注意事项有哪些？

(1)安装直立式墙面板应按不同填料和拉筋预设仰斜坡，仰斜坡一般为1∶0.05，墙面不得前倾。

(2)拉筋应有粗糙面，并按设计布置呈水平铺设，当局部与填土不密贴时应铺砂垫平。钢拉筋与钢材外露部分应作防锈处理。连续敷设的拉筋接头应置于其尾部；拉筋尾端宜用拉紧器拉紧，各拉筋的拉力应大体均匀，但应避免拉动墙面板。

(3)墙背拉筋锚固段填料宜采用粗粒土或改性土等填料。墙背填土必须满足设计压实度要求。

(4)填料摊铺、碾压应从拉筋中部开始平行于墙面碾压，先向拉筋尾部逐步进行，然后再向墙面方向进行，严禁平行于拉筋方向碾压。

(5)填土分层厚度及碾压遍数，应根据拉筋间距、碾压机具和密实度要求，通过试验确定，严禁使用羊足碾碾压。靠近墙面板1 m范围内，应使用小型机具夯实或人工夯实，不得使用重型压实机械压实。

(6)当采用聚丙烯土工带时，拉带应平顺，不得出现打折、扭曲等现象，不得与硬质、棱角填料直接接触。

(7)施工过程中随时观测加筋土挡土墙异常变化。

第四节　其他防护

7401　边坡锚固防护时应重点注意哪些方面?

(1)破碎且不平整的边坡,必须将松散的浮石和岩渣清除,用浆砌片石填补空洞,对坡面缝隙进行封闭处理。边坡修整后应平整、密实,无溜滑体、蠕变体和松动岩体。

(2)边坡开挖和钻孔过程中,应对岩性及构造进行编录和综合分析,与设计相比出入较大时,应按规定处理。

(3)修整边坡的弃渣应按有关规定堆放,不得污染环境。

(4)钢筋制作与安装应符合《公路桥涵施工技术规范》的规定。

(5)锚杆施工应符合:孔深小于 3 m 时,宜采用先注浆后插锚杆的施工工艺。注浆时,浆体除孔口 200～300 mm 外,应均匀充满全孔。锚杆插入后应居中固定。杆体外露部分应避免敲击、碰撞,3 d 内不得悬吊重物,3 d 后才可安装垫板。当孔深大于 3 m 时应按锚杆挡土墙施工的相关要求施工。

7402　当采用预应力锚索进行边坡锚固时,其施工应注意哪些方面?

(1)施工前应按设计要求进行预应力锚索的锚固性能基本试验,确定施工工艺。严禁使用有机械损伤、电弧烧伤和严重锈蚀的钢绞线。严禁将钢绞线及锚索直接堆放在地面或露天储存,避免受潮、受腐蚀。

(2)锚索束制作安装应符合下列规定:

1)锚索束制作宜在现场厂棚内进行。下料应采用机械切割,严禁用电弧切割。普通锚索束必须进行清污、除锈处理。

2)锚固段锚索束应按设计安装。在锚索入孔前,必须校对锚索编号与孔号是否一致,做好标记。锚索束必须顺直地安放在钻孔中心。

(3)锚固端灌浆应符合：放入锚索束后应及时灌浆。无黏结锚索孔灌浆宜一次注满锚固段和自由段。灌浆应饱满、密实。

(4)锚索张拉应符合下列规定：

1)张拉设备必须按规定配套标定，标定间隔期不宜超过 6 个月。拆卸检修的张拉设备或压力表经受强烈撞击后，都必须重新标定。

2)孔内砂浆的强度未达到设计强度的 75%时，不得进行张拉。锚索张拉采用张拉力和伸长值进行控制，用伸长值校核应力，当实际伸长值大于计算伸长值的 10%或小于 5%时，应暂停张拉，查明原因并处理后，可继续张拉。锚索锁定后，在 48 h 内若发现有明显的预应力松弛时，应进行补偿张拉。

(5)封孔应符合下列规定：

1)封孔灌浆应在锚索张拉、检测合格、锁定后进行。

2)封孔灌浆时，进浆管必须插到底，灌浆必须饱满。

3)封孔灌浆后，锚头部分应涂防腐剂，并按设计要求及时进行封闭。

7403　什么是土钉支护？

土钉是一种保护边坡的施工技术，这种方法先以一定倾角在原位土中成孔，然后将细长杆件(即土钉，如钢筋、钢管等)置入孔中，注入水泥砂浆，随后在坡面挂钢筋网，并与土钉连接，最后在坡面喷射混凝土。

土钉支护是一种土体原位加筋技术，与原位土体共同工作，形成一种类似于重力式挡土墙坝体的复合土体结构，抵抗背后非加固土体的侧向压力及其他荷载，是一种主动加固技术，具有较强的稳定性。

7404　土钉支护什么情况下适宜使用？什么情况下不宜采用？

土钉支护只适用于有一定黏性的硬黏土，有一定胶结的黏土、砂土或有一定自稳能力的岩土，对于松散的砂土、黏土以及地下水丰富等地质不良土体,不宜采用。土体松散、其抗剪强度低,不能给土钉足够的抗拔力;土体松软和含水率高,边坡的喷射面层难以形成,应采用复合土钉支护。

土钉挡土结构一般用于挖方边坡的临时支护以及路堑或路堤的永久支护,也可用于桥台结构挡土支护。土钉加筋边坡支护一般用于加固平缓边坡,也可用于增加原有边坡或开挖后边坡的稳定性。复合土钉支护一般用于永久性的公路工程。

7405 土钉支护为什么要重视排水系统?排水设施应如何设置?

土钉支护工程的排水系统对工程质量、稳定性和使用寿命具有重要意义,在施工过程中应特别重视水的作用和影响,必须在地表和支护内部布设施工排水系统,以疏导地表水和地下水。

施工的地表排水一般宜在距边坡顶部 3～5 m 范围内开挖一截水沟。当设计图要求边坡顶有永久性排水沟时,施工排水沟宜与永久排水沟合建。边坡体内排水,施工时视其边坡体内的水量,设置排水(滤水)管。当设计有永久排水管时,临时排水管应与永久排水管综合考虑布设。边坡脚的临时排水,在施工开挖每一层土钉(锚杆)作业面时,宜在作业面适当距离处设临时排水沟和集水井,以确保土质边坡下部不被雨水或施工水浸泡。对边坡岩石中的裂隙、泉眼中的地下水应引出边坡外,并引入永久排水系统中。

当地下水源丰富,流量较大时,在支护施工的作业面上难以成孔和形成喷射混凝土面层时,应在施工前降低地下水水位,并在地下水位以上进行支护施工。

7406 土钉支护坡面开挖施工有哪些要求?

(1)坡面开挖应根据设计和实际地质情况确定分层深度及工作顺序。在完成上层作业面的土钉与喷射混凝土以前,严禁进行下一层深度的开挖。一次开挖深度不得大于设计中规定的边坡临界自稳高度,一次开挖长度也不得大于设计中规定的临界自稳长度。

(2)进行土方开挖作业时,应保证边坡平整并符合设计坡率,严禁边壁出现超挖或造成边壁土体松动。

(3)开挖面有软弱土层且垂直开挖时,应严格控制开挖高度和长度,开挖前应超前支护,开挖后应快速封闭。

7407　土钉支护中的土钉施工应符合哪些规定?

(1)施工前应按设计要求对土钉进行现场抗拉拔力验证试验。

(2)钻孔完成后,应将孔内残浆、残渣等杂物清除干净。

(3)安装土钉钢筋时,应连同注浆排气管按要求一并送入钻孔内。

(4)孔内注浆应饱满,浆体强度应符合设计要求。

7408　土钉支护时,喷射混凝土面层应如何施做?

(1)喷射混凝土粗集料最大粒径不宜大于 16 mm,水灰比不宜大于 0.45,混凝土强度应符合设计要求。

(2)混凝土喷射厚度,临时支护厚度不宜小于 60 mm,永久支护厚度不宜小于 80 mm,永久支护面钢筋的喷射混凝土保护层厚度应不小于 50 mm。

(3)混凝土喷射每一层应自下而上进行。当混凝土厚度大于 100 mm 时,应分两次喷射,在第二次喷射混凝土作业前,应清除结合面上的浮浆和松散碎屑。面层表面应抹平、压实修整。

(4)喷射混凝土面层应在长度方向上每 30 m 设伸缩缝,缝宽 10～20 mm。

(5)土钉喷射混凝土应满足《锚杆喷射混凝土支护技术规范》(GB 50086)的要求。

7409　土钉支护的地梁、网格梁施工应符合什么规定?

(1)地梁、网格梁槽施工应根据地质条件,确定合理开挖顺序及方案。

(2)土钉钢筋与网格梁受力钢筋应联接牢固。

(3)地梁、网格梁应及时养护。

7410 什么是抗滑桩？在滑坡体中起到什么作用？

抗滑桩是穿过滑坡体深入于滑床的桩柱，用以支挡滑体的滑动力，起稳定边坡的作用，适用于浅层和中厚层的滑坡，是一种抗滑处理的主要措施。但对正在活动的滑坡打桩阻滑需要慎重，以免因振动而引起滑动。

抗滑桩插入滑动面以下的稳定地层对桩的抗力（锚固力）平衡滑动体的推力，增加其稳定性。当滑坡体下滑时受到抗滑桩的阻抗，使桩前滑体达到稳定状态。根据滑体的厚薄、推力大小、防水要求及施工条件等选用木桩、钢桩、混凝土及钢筋混凝土桩。抗滑桩埋入地层以下深度，按一般经验，软质岩层中锚固深度为设计桩长的三分之一；硬质岩中为设计桩长的四分之一；土质滑床中为设计桩长的二分之一。当土层沿基岩面滑动时，锚固深度也有采用桩径的2～5倍。抗滑桩的布置形式有相互连接的桩排，互相间隔的桩排，下部间隔、顶部连接的桩排，互相间隔的锚固桩等。桩柱间距一般取桩径的3～5倍，以保证滑动土体不在桩间滑出为原则。

7411 抗滑桩施工准备应符合哪些条件？

(1)施工宜在旱季进行；雨期施工时，孔口应搭雨棚，做好锁口，孔口地面上加筑适当高度的围埂。

(2)应备好各项工程的机具、器材和井下排水、通风、照明设备，落实人员配备、施工组织设计。

(3)应整平孔口地面，设置地表截、排水及防渗设施。

(4)应对滑坡变形、移动进行检测。

7412 抗滑桩的开挖及支护应符合哪些规定？

(1)桩孔开挖前应做好施工场地平整及地面截排水和通风设施。地面排水设施位置、排水纵坡应与设计一致，并结合路基排水系统的布置，将水排至路基主排水沟。抗滑桩桩孔孔底持力层岩土层性质应符合设计要求。

(2)抗滑桩桩孔孔型应符合设计要求。抗滑桩桩孔断面尺寸不得小于桩身设计断面尺寸加护壁厚度。

(3)桩孔第一节应高出地面 20 cm,加强孔口护壁,做好井口锁口,防止地面坍塌。应分节开挖,每节高度宜为 0.6～2.0 m,分节不宜过长,不得在土石层变化处和滑动面处分节,挖一节立即支护一节。开挖应在上一节护壁混凝土终凝后进行,护壁混凝土模板的支撑应在混凝土强度达到能保持护壁结构不变形后方可拆除。

(4)护壁应经过设计计算确定,护壁混凝土应紧贴围岩灌注;灌注前应清除岩壁上的松动石块、浮土,滑动面处的护壁应加强。在承受推力较大的护壁和孔口加强衬砌的混凝土中应加钢筋。

(5)开挖施工中应及时记录地质剖面、滑动面位置,填好地质柱状图,并根据地质情况,及时做好支护。在土石层变化处及滑动面附近,应加强支护,护壁不得分节。注意支护情况,若有变形、损坏,应立即采取加强措施,撤离井下施工人员。

(6)桩孔挖至设计标高后,应由监理、设计、施工人员会同验孔,并结合滑动面实际情况确定孔底高程。

(7)开挖桩群应从两端沿滑坡主轴间隔开挖,桩身强度不低于设计强度的 75％时可开挖邻桩。

(8)弃渣严禁堆放在滑坡范围内。

7413　抗滑桩在灌注桩身混凝土时应符合哪些规定?

(1)抗滑桩钢筋骨架安装就位后,应有确保混凝土灌注时钢筋骨架不得上浮的措施。钢筋笼搭接接头不得设在土石分界和滑动面处。

(2)灌注前,应检查断面净空、清洗混凝土护壁。应清除孔底的松动石块、浮土,抽干积水,并应检查净空断面尺寸、钢筋骨架就位情况。

(3)地下水发育时,应采取水下混凝土灌注法。灌注必须连续进行。

(4)抗滑桩所用砂、石料、水泥、粉煤灰、矿物掺和料、外加剂、钢筋等材料的品种、规格、质量应符合相关规定。

7414　桩板式抗滑挡墙施工应符合哪些规定?

(1)桩身混凝土应达到设计强度后方可安装挡土板,挡土板安装时,应边安装边回填,并做好板后排水设施。

(2)当桩间为土钉墙或喷锚支护时,桩间土体应分层开挖、分层加固;当锚固桩上部设有多排锚索(杆)时,应待上一排锚索(杆)施工完成后,才可开挖下一层桩前土体。

(3)锚索(杆)桩板式路堤挡土墙,应严格控制墙背填土的压实度,压实时不得直接碾压锚索(杆)。

7415　SNS边坡柔性防护网的主要类别及构成?

SNS边坡柔性防护网可分为主动防护系统和被动防护系统两种:系统以钢丝绳作为主要构成部分并以覆盖(主动防护)和拦截(被动防护)两大基本类型来防治各类斜坡坡面地质灾害和雪崩、岸坡冲刷、爆破飞石、坠物等危害的柔性安全防护系统技术和产品。

7416　什么是主动防护网系统?

主动防护系统是用以钢丝绳网为主的各类柔性网覆盖或包裹在需防护的斜坡或岩石上,以限制坡面岩土体的风化剥落或破坏以及危岩崩塌(加固作用),或者将落石控制于一定范围内运动(围护作用);其后一功能本质上应归于被动防护,但在SNS系统中由于其结构形成与起加固作用的主动防护系统相似,仍将其归入主动防护,并将两者分别称为标准主动防护和主—被动防护而加以区别。当主—被动防护系统覆盖于爆破开挖工作面上时,便形成了防止爆破飞石危害的柔性安全防护系统。

7417 主动防护系统由哪些部分构成?

主动防护系统由支撑绳、锚杆(钢筋锚杆或钢丝绳锚杆)、钢丝绳等构成的柔性防护结构,整个系统通过钢丝绳网(钢丝绳、十自扣压件、搭接件)、支撑绳、锚杆将危岩与母岩连成一体,形成整体受力,立体防护。

7418 SNS 柔性主动防护系统的优势?

(1)该系统为工厂生产,安装简单。

(2)标准化生产,施工速度快,而且不影响其他同时进行的施工工程。

(3)该系统充分利用柔性材料的易铺展性和高防冲击能力,形成了适应各类边坡和自然坡面的地质灾害防护的系统化技术,便于工程质量控制和工程量的准确计量。

(4)充分利用高强金属材料的质轻和易加工特点来实现系统的轻型、部件生产的工厂化和积木式部件安装,以尽可能简单的机具、最短的工期和最少的劳动来实现施工安装和维护的简单快速化,从而解决山区复杂地形条件下传统防护措施施工困难、进展缓慢的长期难题;并充分利用系统的柔性和施工布置的灵活性来最大限度地适应各种复杂的地形地貌环境,避免或尽可能降低因开挖所造成的环境破坏和对边坡稳定性的危害,以及对其他作业和周边建筑物正常运营的干扰。

(5)充分利用系统的开放性来减小系统的视觉干扰和保护原有植被及其生长条件,并给实施人工绿化提供了可能,以充分利用植被根系的护坡加固作用和绿色植物的环境绿化美化功能,将工程治理与环境保护和改造融为一体。

(6)充分利用技术成熟、性价比良好的金属涂层防腐技术,采用热镀锌的钢丝绳和钢丝或锌铝合金涂层钢丝来确保系统较长的防腐寿命,前者一般可达 30~50 年,后者可达上百年,必要时只需更换少量部件即可延长使用寿命。

7419 SNS 标准主动防护系统的应用及施工特性?

SNS 标准主动防护系统常用于坡面崩塌、危岩、落石、风化剥落、溜坍、溜滑或塌落类地质灾害加固防护。其明显特征是采用系统锚杆固定，并根据柔性网的不同，分别通过支撑绳和缝合张拉（钢丝绳网和铁丝格栅）或预应力锚杆（TECCO－65 格栅）来对柔性网部分实现预张，从而对整个边坡形成连续支撑，其预张拉作业使系统尽可能紧贴面并形成了抑制局部岩土体移动或在发生局部位移或破坏后将其裹缚（滞留）原位附近的预应力，从而实现其主动防护（加固）功能。该系统在施工工艺上为确保其尽可能紧贴坡面，锚杆孔口应开凿孔口凹坑（由于系统布置的灵活性，常可在允许范围内利用天然低凹位置设置锚杆，从而适当减少孔口凹坑的开凿）。

7420 什么是 SNS 被动防护系统?

SNS 被动防护系统是将以钢丝绳网为主的栅栏式柔性拦石网设置于斜坡上相应位置，用于拦截斜面坡上的滚落石以避免其破坏保护的对象，因此有时也称为拦石网；当设置于泥石流区内时，便可形成拦截泥石流体内固体大颗粒的柔性格栅坝。

7421 SNS 被动防护系统哪些部分构成?

SNS 被动防护系统由格栅网、钢绳网、支撑绳、钢立柱、缓冲环等组成柔性结构，承受并扩散岩石冲击力，形成拦截屏障，利用系统的变形能力，延长滚落岩石在拦截系统的作用时间，大大削弱冲击力，同时不断吸收和消化冲击动能，以柔克刚，从而达到防护目的。

7422 SNS 被动防护系统特点?

SNS 被动防护系统的特点是柔性和强度足以吸收和分散传递预计的落石冲击动能，一改传统的刚性结构为高强度柔性结构来实现系统防护功能。以落石所具有的冲击动能这一综合参数作为最主要的设计参数，避开了传统结构设计以荷载作为主要设计参数时所存在的冲击荷载难以确定的问题，实现了结构的定量设计。同时，由于该系统所具有的明显的柔性特征，使其能够拦截高能量的大块落石，并可实现结构的轻型化，充分体现了柔性防护的思想。

7423　SNS柔性防护具体表现为哪几个主要方面？

(1)充分利用柔性材料的易铺展性和高防冲击能力，通过系统的开发和大量的现场试验，形成了适应各类坡面地质灾害防护的系统化技术，通过定型化的均衡设计实现了系统产品的标准化和最优化，并便于工程质量控制和工程量的准确计量。

(2)充分利用高强金属材料的质轻和易加工特点来实现系统的轻型化、部件生产的工厂化和积木式部件安装，以尽可能简单的机具、最短的工期和最少的劳动力来实现施工安装和维护的简单快速化，从而解决山区复杂地形条件下传统防护措施施工困难、进展缓慢的长期难题。

(3)充分利用系统的柔性和施工布置的灵活性来最大限度地适应各种复杂的地形地貌环境，避免或尽可能降低因开挖所造成的环境破坏和对边坡稳定性的危害，以及对其他作业和周边建筑物正常运营的干扰，可以同步或超前于土石方主体开挖工程的施工，即能实现逆作法施工或平行作业。

(4)充分利用系统的开放性来减小系统的视觉干扰和保护原有植被及其生长条件，并给实施人工绿化提供了可能，以充分利用植物根系的护坡加固作用和绿色植物的环境绿化美化功能，将工程治理与环境保护和改造融为一体。

7424　SNS边坡防护网分类及特性？

SNS边坡防护网分为钢丝绳网、普通钢丝格栅(常称铁丝格栅)和TECCO高强度钢丝格栅构造。前两者通过钢丝绳锚杆和

(或)支撑绳固定方式,后者通过钢筋(可施加预应力)和(或)钢丝绳锚杆(有边沿支撑绳时采用)、专用锚垫板以及必要时的边沿支撑绳等固定方式。作用原理上类似于喷锚和土钉墙等面层护坡体系,但因其柔性特征能使系统将局部集中荷载向四周均匀传递以充分发挥整个系统的防护能力,从而使系统能承受较大的荷载并降低单根锚杆的锚固力要求。

第八章　路基工程常见病害的预防与处理

第一节　裂　缝

8101　路基纵向开裂的主要原因是什么？

(1)对路基部分清表不彻底，或沟、塘的清淤工作不彻底，造成路基基底存在软弱层。

(2)路基填筑不均匀或压实度不足。

(3)半填半挖路段未按规范要求设置台阶并压实；旧路利用路段，新旧路基结合部未挖台阶或台阶宽度不足。

(4)使用渗水性、水稳性差异较大的土石混合料时，错误地采用了纵向分幅填筑。

(5)因边坡过陡、行车渠化、交通频繁振动而产生滑坡，最终导致纵向开裂。

8102　预防路基的纵向开裂可采取哪些措施？

(1)应认真调查现场并彻底清表，及时发现路基基底暗沟、暗塘，消除软弱层。

(2)彻底清除沟、塘淤泥，并选用水稳性好的材料严格分层回填，严格控制压实度满足设计要求。

(3)半填半挖路段，地面横坡大于1∶5及旧路利用路段，应严格按规范要求将原地面挖成宽度不小于1 m的台阶并压实。

(4)渗水性、水稳性差异较大的土石混合料应分层或分段填筑，不宜纵向分幅填筑。

(5)对存在软弱层的路基，完工后应进行超载预压，预防不均匀沉降。

(6)提高填筑层压实均匀度。严格控制路基边坡，杜绝亏坡现象。

8103 路基产生横向裂缝的原因有哪些?

(1)路基使用了规范禁止直接使用的土做填料,如液限大于50、塑性指数大于26的土。

(2)同一填筑层路基填料混杂,塑性指数相差悬殊。

(3)填筑顺序不当,厚度差异性大,衔接施工工艺不符合要求。

(4)施工中及填筑完成后未设置排水措施,或排水措施不当,造成积水。

8104 预防路基的横向开裂可采取哪些措施?

(1)路基填料禁止直接使用的土严禁直接使用,必须采取相应的技术措施消除影响后方可使用。

(2)不同种类的土应分层填筑,同一填筑层不得混用,每种填料的填筑厚度应满足规范要求。

(3)路基顶填筑层分段作业施工,两段交接处,应按要求处理。

(4)严格控制路基每一填筑层的含水率、高程、平整度,严禁贴补施工。

8105 路基为什么会产生网裂?

路基产生网状裂缝的原因大多与含水率差异性大及养护不良有关,具体原因有以下几个方面:

(1)土的塑性指数偏高或为膨胀土。

(2)路基碾压时土含水率偏大,且成型后未能及时覆土。

(3)路基压实后养护不到位,表面失水过多。

(4)路基下层土过湿。

8106 针对路基网状裂缝,可采取哪些措施预防与处理?

(1)采用合格的填料,或采取掺加石灰、水泥改性处理措施。

(2)选用塑性指数符合规范要求的土填筑路基,控制填土最佳含水率时碾压。

(3)加强养护，避免表面水分过分损失。

(4)对基底过湿的土应采取换填土或掺加生石灰粉等技术措施处治。

8107　石灰土、石灰粉煤灰土碾压时发生龟裂的原因是什么？如何防治？

(1)原因分析

1)石灰土或二灰土含水率严重不足。

2)土块未充分粉碎或拌和不匀。

3)下卧层软弱，在压实机械碾压下出现弹簧。

4)养生期间，有重车通过，引起结构层破坏。

(2)防治措施

1)混合料在拌和碾压过程中，应经常检查含水率。含水率不足时，应及时洒水。应使混合料的含水率等于或略大于最佳值时进行碾压。

2)加强混合料粉碎和拌和，对不易粉碎的黏土宜采用专用机械，并可采用二次拌和法。对超尺寸土块予以剔除。

3)无论石灰土或二灰土基层，均应保证下卧层的充分压实，对土基不论路堤或路堑，必须用 10～15 t 三轮压路机或等效的碾压机械进行碾压检验(压 3～4 遍)，在碾压过程中，如发现土过干或表层松散，应适当加水；如土过湿，发生“弹簧”现象，应采用挖开晾晒、换土、掺石灰或粒料等措施进行处理。

4)养生期间，应禁止重型车辆通行。

8108　石灰土、二灰土碾压后出现横向裂缝的原因是什么？如何防治？

(1)原因分析：

1)结构层由于干缩和温缩而产生横向裂缝；混合料碾压含水率越大，越易开裂。

2)有重车通行。未筑上层的石灰土、二灰土基层，不能承担重车荷载的作用，当重车通过时，易造成损坏，产生裂缝，尤其当下卧层的强度不足和在养生期间更易产生强度性裂缝。

3）横向施工接缝，包括结构层成型后再开挖横沟所发生的接缝，是最易产生横向裂缝的薄弱面。

4）结构层横穿河处由于沉陷或重车作用所引起的裂缝。

（2）防治措施：

1）施工过程中应严格控制混合料的碾压含水率，使其接近于最佳含水率，以减少结构层干缩。

2）混合料碾压完毕后，应及时养生，并保持一定的湿度。不应过干、过湿或忽干忽湿。养生期一般不少于7 d，有条件时可采用塑料膜覆盖。

3）混合料施工完毕后，应尽早铺筑上层。在铺筑上层之前，应封闭交通，严禁重车通行。

4）延长施工段落，减少接缝数量。做好接缝处理，使新旧混合料相互密贴。缩短接缝两侧新旧混合料铺筑的时间间隔。

5）产生横向裂缝时，通常不做处理。缝宽时可用沥青封缝，以防渗水和恶化。

8109 桥头路基填土与结构物间产生裂缝的原因有哪些？

（1）构造物两侧填土路基的接合部处理不当，造成其压实度不足，由于处理不当而出现填料接缝接合部产生裂缝和沉降。

（2）高填方路堤施工过程中，由于紧靠近桥台背墙，碾压机械不容易到达并实施碾压，而使用小型压实机具，虽然已进行充分碾压，但还是不稳定的，尤其是接近背墙上部牛腿位置，小型机具更是压实不到。

（3）填料不良或台背填料与台身的刚度差别大，结构物为刚性构造物，而路基石灰土为半刚性材料，两者结合造成沉降不均匀。

（4）在桥梁、涵洞与路基结合处，常会产生细小缩裂缝，雨水渗入后，使路基产生病害，导致该处路基发生沉陷。

8110　灌浆法处理路基裂缝的原理是什么?

灌浆法是利用液压或气压原理,对路基下沉部分钻孔,孔深应穿透薄弱层。然后通过注浆管将浆液均匀地注入地层中,浆液以充填、渗透和挤压等方式灌入填料的空隙,浆液将原来松散的土粒或裂隙胶结成一个整体,使路基整体成为一个稳定的固结体。由于浆液的扩散能力和灌浆压力的大小密切相关,所以不同填料及形态的路基,采用的灌浆压力主要取决于路基的密实度、强度、初始压力、钻孔深度、灌浆位置及操作规程等因素。一般对碎石土、砂砾土填料的路基,压力控制在 0.5～1.5 MPa 之间;对于黏性土填筑的路基,由于其渗透性很小,需加大压力,注浆压力为 1.5～4.0 MPa。

8111　灌浆法处理路基裂缝应如何施做?

(1)布孔。布孔一般原则为满足路基强度的要求,布孔要结合灌浆的特点、路基形态等因素来考虑。既要充分发挥灌浆孔的效率,又能保证浆液灌注在路基加固范围内,防止留下空白区和跑浆,布孔时还应视路基实际情况而定。

布孔方法:根据原路基施工时的原始记录,估算路基孔隙率,通过试验测定灌浆量,然后确定钻孔数量。如果需要全幅灌浆,应采用等距离梅花形方格网布孔,中间孔浅,边缘孔较深。孔距一般以 2.0～2.5 m 为宜。

(2)钻孔。为确保原路基不受损坏,成孔的孔径应尽量小,且必须采用干钻法,严禁加水,否则路堤受水浸泡,路基原结构受到破坏,造成更严重的后果。钻孔深度视路基高度和路基填料等情况而定。

(3)下注浆管。首先选取适当的注浆管,注浆管底部预留20～30 cm 空隙,确保浆液的灌注流畅。钻孔口要密封,一般用填充膨胀水泥的方法,以保证浆液不从钻孔口溢出。

(4)注浆。灌浆压力是保证灌浆质量的重要因素。如果压力过小，浆液流不到预计范围内，扩散范围小易形成空白区；如果压力过大，则会损坏原路基结构，顶破路面或冲垮边坡，以致使浆液沿路基薄弱部位冲出路基，达不到灌注的目的。

第二节　压实度不足

8201　路基施工中压实度不能满足质量标准要求的主要原因有哪些？

(1)压实遍数不合理。

(2)压路机质量偏小。

(3)填土松铺厚度过大。

(4)碾压不均匀，局部有漏压现象。

(5)含水率大于最佳含水率，特别是超过最佳含水率两个百分点，造成弹簧现象。

(6)没有对上一层表面浮土或松软层进行处治。

(7)土场土质种类多，出现异类土壤混填；尤其是透水性差的土壤包裹透水性好的土壤，形成了水囊，造成弹簧现象。

(8)填土颗粒过大(>10 cm)，颗粒之间空隙过大，或采用不符合要求的填料(天然稠度小于1.1，液限大于40，塑性指数大于18)。

8202　当路基施工中压实度不能满足质量标准要求时应如何处理？

(1)清除碾压层下软弱层，换填良性土壤后重新碾压。

(2)对产生“弹簧”的部位，可将其过湿土翻晒，拌和均匀后重新碾压，或挖除换填含水率适宜的良性土壤后重新碾压。

(3)对产生“弹簧”且急于赶工的路段，可掺生石灰粉翻拌，待其含水率适宜后重新碾压。

8203　路基边缘压实度不足的原因是什么？如何预防和处理？

(1)原因：

1)路基填筑宽度不足，未按超宽填筑要求施工。

2)压实机具碾压不到边。

3)路基边缘漏压或压实遍数不够。

4)采用三轮压路机碾压时，边缘带(0～75 cm)碾压频率低于行车带。

(2)预防措施：

1)路基施工应按设计的要求进行超宽填筑。

2)控制碾压工艺，保证机具碾压到边。

3)认真控制碾压顺序，确保轨迹重叠宽度和段落搭接超压长度。

4)提高路基边缘带压实遍数，确保边缘带碾压频率高于或不低于行车带。

(3)治理措施：

1)校正坡脚线位置，保证路基填筑宽度。

2)路基填筑宽度不足时，返工至满足设计和规范要求，补宽时应开蹬填筑，严禁贴坡。

3)严格控制碾压顺序和碾压遍数。

8204　石灰土、二灰土压实度不足的原因是什么？如何防治？

(1)原因分析：

1)压实机具选用不当或碾压层太厚。

2)碾压遍数不够。

3)含水率过多或过少。

4)下卧层软弱。

(2)防治措施：

1)石灰土和二灰土基层应选用 12 t 以上的压路机或振动压路机碾压。压实厚度在 15 cm 以下时，可选用 12～15 t 的压路机碾压;压实厚度在 15～20 cm 时,应采用 18～30 t 的三轮压路机碾压;压实厚度超过上述时,应分层碾压;压实机具应轻、重配备,碾压时注意先轻后重。

2)混合料摊铺后应在 1～2 d 内充分碾压完毕,并保证一定的碾压次数,直至碾压到要求的密实度为止,同时表面无明显轮迹。一般需碾压 6～7 遍;路面的两侧应多压 2～3 遍。

3)当含水率过高或过低时,应采取措施,在达到最佳含水率(或略高,但不超过 2%)时才碾压。

4)石灰或二灰稳定土施工前,应对其下卧层进行严格检查,确保质量达到规范要求,否则易引起许多不良后果。

8205 石灰土、石灰粉煤灰土碾压时出现弹簧现象的原因是什么?如何防治?

(1)原因分析:

1)碾压时,混合料含水率过高。

2)下卧层过软,压实度不足。

(2)防治措施:

1)混合料拌和时应控制原材料的含水率,如土壤过湿应先进行翻晒,并宜采用生石灰粉,以缩短晾晒时间,降低混合料的含水率;如粉煤灰过湿,应先堆高沥干,一般二三天即可。

2)施工时应注意气象情况,摊铺后应及时碾压,避免摊铺后碾压前的间断期间遭雨袭击,造成含水率过高以致无法碾压或勉强碾压引起弹簧。

3)当石灰土和二灰土过干时,可洒水闷料后再进行碾压,水量应予控制并力求均匀,避免局部地方水量过多造成弹簧。

4)碾压时应遵循先轻后重的原则。

5)混合料摊铺前,应对下卧层的质量进行检查,保证下卧层的压实度,若有“弹簧”现象应先处理后再做上层。

8206　石灰土、石灰粉煤灰土碾压时未结成整体的原因是什么？如何防治？

(1)原因分析：

1)石灰质量差或掺加量不足。

2)压实度不足。

3)冬季(气温低5 ℃)施工，气温偏低，强度增长缓慢。

(2)防治措施：

1)施工前，应对石灰质量进行检验，避免使用存放时间过长的石灰或劣质石灰，消解石灰应在两周内用完。

2)进行充分的压实，达到规定的压实度。

3)冬季施工应尽量避免；必须施工时应注意养护，防止冰冻，并封闭交通。一般在气候转暖后，强度会继续增长；必要时可选用外掺剂，以提高早期强度；或采用塑料薄膜或沥青膜等覆盖措施养生，保持一定湿度，加速强度增长。

8207　石灰土、石灰粉煤灰土碾压后表面起皮松散的原因是什么？如何防治？

(1)原因分析：

1)碾压时含水率不足。

2)碾压时为弥补厚度或标高不足，采用薄层贴补。

3)碾压完毕，未及时养护即遇雨雪天气，表面受冰冻。

(2)防治措施：

1)施工时应在最佳含水率左右碾压，表面干燥时，应适量洒水。

2)禁止薄层贴补，局部低洼之处，应留到修筑上层结构时解决；如在初始碾压后发现高低不平，可将高处铲去，低处翻松(须10 cm以上)、补料摊平、再压实。碾压过程中有起皮现象，应及时翻开重新拌和碾压。

3)灰土施工时应密切注意天气情况，避免在雨雪、霜冻较严重的气候条件下施工。

4)灰土表面发生起皮现象后,应予铲除,其厚度或标高不足部分,可留待修筑上层结构时解决。

8208 石灰土、石灰粉煤灰土碾压后平整度不符合要求的原因是什么?如何防治?

(1)原因分析:

1)下卧层平整度不好,造成灰土基层松铺厚度不匀,影响平整度。

2)摊铺碾压过程中,未采取适当措施,提高平整度。

3)接缝未处理好。

(2)防治措施:

1)灰土结构层施工前,应对下卧层的平整度进行检验,平整度很差时,可先用部分灰土罩平,然后进行灰土结构层施工。

2)摊铺可采用平地机或人工摊铺。平地机摊铺应有熟练工操作,控制好平整度。人工摊铺时应拉线,仔细整平。如采用场外拌和供料,应控制卸料地点和数量。料堆处应彻底翻松、整平。

3)边碾压边整平。轻型初压以后,应及时检测与整平。卸料和碾压时应避免在碾压层上停车或急转弯。终压以后,可将局部高出部分铲平,低洼处不可采用薄层罩面办法提高平整度。

4)两个工作段的搭接部分,应采用对接形式。前一段拌和后,留 5~8 m 不碾压;后一段施工时,将前段预留未压部分翻松后一起再进行碾压。

8209 灰土结构层施工完毕后回弹弯沉达不到设计要求的原因是什么?如何防治?

(1)原因分析:

1)下卧层强度差。

2)灰土基层未充分碾压密实,强度、厚度不足。

3)低温或雨季,强度增长缓慢。

(2)防治措施：

1)灰土结构层施工前，一定要对下卧层的施工质量进行检查，确保下卧层的施工质量。

2)混合料配合比和压实度要严格掌握，确保质量。

3)低温和雨季，灰土结构层强度增长缓慢，一旦温度回暖或雨季过后，强度会恢复增长，但需要一定的养护。

第三节　边坡病害

8301　影响路基边坡稳定性的主要因素有哪些？

影响路基边坡稳定性的因素包括地质条件、水文条件、新构造运动、地形地貌、自然气候和人类的工程活动等。

(1)地质条件

1)岩(土)体的地质性质，岩(土)体的力学性质决定了边坡稳定性的丧失方式，如坚硬岩石边坡失稳以崩塌和结构面控制型失稳为主，而软弱岩石则以应力控制型失稳为主。岩(土)体的工程地质性能越好，边坡稳定性越高。

2)地质构造，因地质构造关系到岩(土)体结构面的发育程度、规模、连通性、充填程度和充填物成分、以及结构面的产出状态对边坡稳定性的影响，因此在分析岩(土)体结构面对边坡稳定性的影响时，要充分注意岩(土)体结构面的产出状态与边坡面的相互关系，亦即结构面与边坡面的组合不同，边坡稳定性分为反倾稳定、顺倾稳定等不同形式。

(2)水文条件

“十个边坡九个水”形象地说明了边坡稳定性与地下水的活动关系。由于岩(土)体的力学性质受水的影响很大，地下水富集程度的提高不仅增大边体下滑力，而且降低软弱夹层和结构面的抗剪强度，导致滑动面的抗滑力减小。因此，治理边坡也往往是由于改善了水文(地质)条件而获得成功。

(3)新构造运动

新构造运动(地震)最容易引起边坡形态、产出状态及水文(地质)条件发生改变而导致边坡失稳,其原因是地震产生的水平地震附加力促使边坡的下滑力增大、滑动面的抗滑力减小。

(4)地形地貌

边坡的形态和规模等地貌因素对边坡稳定性的影响较为明显,即不利形态和规模的边坡往往在坡顶产生张应力,并引起坡顶出现裂缝;在坡底产生剪切应力而促成剪切破坏带,这些作用均极大地降低边坡的稳定性。此外,边坡面与地质结构面的不利组合还会导致边坡结构控制型失稳。

(5)自然气候

大气降雨是地下水的主要补给源,气候类型不同时大气降雨量也不同。因此在不同的地区,由于大气降雨量不同,即使其他条件相同,边坡稳定性也不相同。例如,暴雨或长期降雨以及融雪一方面降低岩(土)体的强度、增大孔隙水的压力,使边坡滑动面的抗滑能力降低,另一方面增大边坡下滑力,两者结合起来极大地降低了边坡的稳定性。

风化作用使岩(土)体的抗剪强度减弱,裂缝增加、扩大,影响边坡的形状和坡度。此外,沿裂缝风化时可以使岩(土)体脱落或沿边坡崩塌、堆积和滑移等。

(6)人类的工程活动

随着人类工程活动的次数频繁和规模扩大,对公路边坡稳定性的影响越来越显著,特别是不当的人类工程活动引起的边坡失稳事故经常发生。对边坡稳定性产生明显影响的人类工程活动包括削坡、坡顶加载、地下开挖等。

8302 路基边坡产生滑坡原因是什么?

(1)设计对地震、洪水和水位变化影响考虑不充分。

(2)路基基底存在软土且厚度不均。

(3)换填土时清淤不彻底。

(4)填土速度过快;施工沉降观测、侧向位移观测不及时。

(5)路基填筑层有效宽度不够,边坡二期贴补。

(6)路基顶面排水不畅。

(7)用透水性较差的填料填筑路堤处理不当。

(8)边坡植被不良。

(9)未处理好填挖交界面。

(10)路基处于陡峭的斜坡面上。

8303 路基边坡滑坡如何预防?

(1)路基设计时,充分考虑使用年限内地震、洪水和水位变化给路基稳定带来的影响。

(2)软土处理要到位,及时发现暗沟、暗塘并妥善处治。

(3)加强沉降观测和侧向位移观测,及时发现滑坡苗头。

(4)掺加稳定剂提高路基层位强度,酌情控制填土速度。

(5)路基填筑过程中严格控制有效宽度。

(6)加强地表水、地下水的排除,提高路基的水稳定性。

(7)减轻路基滑体上部重量或采用支挡、锚拉工程维持滑体的力学平衡;同时设置导流、防护设施,减少洪水对路基的冲刷侵蚀。

(8)原地面坡度大于 12% 的路段,应采用纵向水平分层法施工,沿纵坡分层,逐层填压密实。

(9)用透水性较差的土填筑于路堤下层时,应做成 4% 的双向横坡;如用于填筑上层时,除干旱地区外,不应覆盖在由透水性较好的土所填筑的路堤边坡。

8304 土质路堑边坡塌落的原因主要有哪些?

(1)由于边坡土质属于很容易变松的砂类土、砾类土以及受到雨水浸入后易于失稳的土,而在设计或施工时采用了较小的边坡坡度。

(2)较大规模的崩塌,一般多产生在高度大于 30 m,坡度大于 45°(大多数介于 55°~70°之间)的地形条件。

(3)上缓下陡的凸坡和凹凸不平的陡坡。

(4)暴雨、久雨或强震之后,雨水渗入土体,一方面会增加边坡土体的重量,另一方面能使裂隙中的填充物或岩体中的某些软弱夹层软化,产生静水压及动水压,使斜坡岩体的稳定性降低,或者由于流水冲掏下部坡脚,削弱斜坡的支撑部分,或者由于地震改变了坡体的稳定性及平衡状态而发生边坡塌落。

(5)在多年冰冻地区,由于开挖路基,使含有大量冰体的多年冻土溶解,引起路堑边坡坍塌。

8305 石方路堑边坡的塌落原因主要有哪些?

(1)排水措施不当或施工不及时造成地表水和地下水侵蚀边坡,产生塌落。

(2)大爆破施工,施工时路堑开挖过深、过陡,或由于切坡使软弱结构面暴露,使边坡岩体推动支撑;由于坡顶不恰当的弃土,增加了坡体重量。

8306 路基边坡水害的防治原则是什么?

(1)“疏”就是有效地疏导路面积水,使其及时排出路基。要做好水流疏导工作,必须保持跌水槽、急流槽、截水沟、排水沟、路边沟等排水设施的有效性和完好性,保证路面不积水,排水系统水位不受自然因素影响,以确保路堤的稳定。

(2)“堵”就是要堵住已损毁的圬工、砌体的孔隙和裂缝等处的渗漏水,同时还需要降低路基边沟水位,防止地下水位升高渗入路基,对路基造成侵蚀而降低路基强度。堵是对疏的补充,所谓大水要疏,小水要堵。要堵塞住漏水和渗水,就要使硬路肩与土路肩压顶之间、土路肩压顶与边坡防护砌体之间紧密连接,密不透水。没有土路肩压顶的路基,要做好土路肩横坡整理。根据路面宽度,等距离增设排水沟,保持路面排水顺畅。对因材料、结构、沉降、气候、雨水等原因引起的各种收缩缝、沉降缝、裂缝以及沉陷损坏等,要根据不同情况,分别采用沥青麻絮、砂浆、细粒式混凝土等进行填补修复，保证不漏水、不渗水。

(3)“绿”就是在路基边坡种植低矮灌木类植物，通过绿化植物的根系来固土护坡，并且利用植物的枝叶减弱雨水对路基边坡的直接冲刷，保证边坡的稳定性，按公路养护技术规范和CBM工程的要求，搞好边坡绿化种植，可以避免雨水冲刷造成的边坡坍塌。

(4)“补”就是要及时填补边坡缺土。当天气恶劣，土质含水率大，或边坡较陡时，可外掺适量水泥或生石灰粉，用来降低土的含水率，提高边坡填土初期稳定性。补土时，应先将松散、潮湿的土方挖掘出来，整出台阶，然后分层填筑、夯实。每层填土厚度控制在10 cm左右，夯击应采用均匀、密集的“鱼鳞夯”法，保证填土密实，回填完毕后整理好坡面，恢复好原坡形并适时补种植物。补土是对绿化工作的一种补充和辅助，两者相辅相成。造成缺土病害的原因大都是由于原路基填土不密实或人为破坏、绿化不到位等造成的，及时补土、适时绿化就显得非常重要。

第四节　高填方沉降

8401　路基产生不均匀沉降的主要原因是什么？

(1)路堤地基处理不当，如路基范围内的树根、杂草清理不干净，腐殖土或耕地表层未换填与压实等。

(2)路堤填料控制不当，主要表现在：

1)选用了稳定性较差的路堤填料，如采用高液限黏土、粉质土或使用淤泥、腐殖质含量较高的土料填筑路堤，会使路堤产生整段或局部的变形。

2)采用不同土质填筑路堤时，因土的性质不同如填筑方法不当，碾压成型后易造成不均匀性沉降。

(3)半填半挖路基的接合部处理不当，台阶未设置或设置不当。

(4)填土路面压实不足，主要体现在以下方面控制差。

1)未严格控制含水率在最佳含水率的±2%的范围内。

2)压实工具及压实层厚度选择不当。

3)碾压方式不合理,碾压遍数不足。

(5)特殊路基路段处理不当;如软弱层未清理与换填,未按照设计的各种地基加固处理措施方案和规范要求进行施工。

(6)排水系统不完善,造成路基土体内含水率反复变化。含水率的变化会引起土体容重在一定范围内波动,同时由毛细管张力引起的负孔隙水压力可以达到相当的数值,再加上水的软化、润滑效应,可以使土体产生沉降变形。

8402 桥头、涵洞两端发生跳车的主要原因是什么?

(1)桥台及台后填方地基的受力变形

桥台和台后填方是性质不同的结构体,虽然桥台作用在地基上的压力大于台后填方,但由于桥台基础一般都进行加固处理,所以一般不发生竖向沉降变形。而台后填方的地基一般不进行加固,其竖向沉降变形远大于桥台下的地基变形。由于地基的这种差异变形,反映到上部路面,就出现桥台和台后填方段的差异沉降。

(2)桥台后填料受渗水侵蚀变形

在桥台和台后填方之间或锥坡部位,大气降水易沿路面锥坡体(锥坡压实度较难达到要求)下渗,下渗水对桥台一般不产生破坏作用,但对土类填料易产生侵蚀和软化,降低强度,从而导致填方体变形。对砂砾石类填料,从横断面看,一般填方体中部为砂砾石,两侧为土类,这种结构只利于水的下渗而不利于水的横向排泄。对不加固地基来讲,填方体中部压力大,向两侧边坡压力逐渐减少,从而使用权地基产生凹型沉降变形,当水沿砂砾石下渗到地基后,下渗水不易快速排泄,从而软化地基并加速地基的变形。

(3)台后填料压实

台背填筑一般采用强夯、人工夯实、填筑砂砾等方法,对于轻型桥台,重型压路机可靠桥台压实,但振动压路机可能破坏桥台结构，而对于U型桥台，重型压路机难以靠近，从而使桥台部位的填方土体不易达到设计压实要求，造成桥台与台后填方差异沉降，工后沉降量大。

8403　桥头跳车如何防治？

（1）地基加固处理：消除桥台和台后填方段的差异沉降变形，需对地基进行加固。对一般地基可采用加固土的方法（水泥土、石灰土）；对特殊地基可采用适合各自然特点的特殊处理方法，如换土、强夯、固结等方法，以改善地基，提高承载力，减少工后沉降。台后填方段的地基压力一般小于桥台的压力，其次台后填方的高度一般情况下沿纵向（远离桥台）不断降低，即压力不断减小，所以在进行地基加固处理时，先了解地基情况，确定地基沉降变形特性（固结变形计算），其次分段计算填方自重压力，设计加固方案。

（2）桥头设置过渡段：考虑桥台与台背路面在结构、材料、刚柔、胀缩等方面存在的差异，为了在其纵、横向都能平顺逐渐过渡，采取以下措施：

1）设枕梁和搭板；

2）设置变厚型埋板，为保证连接部位的刚柔层次的整体受荷和抗冲能力，利于减小锚台幅度，调整不均匀沉陷；

3）路面类型过渡，根据桥涵的长度和填方长度，在桥头一定范围内铺设过渡性路面，待路堤沉降基本完成再铺原设计路面。

（3）台背填料的选择：采用粗颗粒材料填筑桥涵两端路堤，或者设置一定厚度的稳定土结构层，提高路基、路面的整体刚度，减少沉陷，不同层次用不同填料，填料的施工层厚度，以压实后小于20 cm为宜。在高填方的拱涵及涵洞与侧墙相接，部位应尽量使用内磨擦角大的填料进行填筑且施工时，注意填料土压的平衡不得发生偏移。

（4）台背填方碾压方法：尽量用大型压实机械的使用，认真施工，充分压实，对于大型压路机不能靠近台背时，可采用小型压路机配合人工夯实、碾压，同时碾压层厚宜减薄，提高压实度。

(5)设置完善排水设施:在靠近构造物背后的填料,在施工中及施工后易积水下陷。施工中要保证排水坡度,设置必要的地下排水设施,也可以在桥台与填方的结合处及过渡段的路面下设垫层,防止路面下渗水进入填方体。对中间为砂砾的填料,两侧为土类填料的填方体与加固地基的连接处做排水管,以排泄填方体与加固地基之间的下渗水。

(6)优化设计方案:

1)对短期一次建成的高等级公路,尤其是软土段的高速公路,在小跨径构造物形式上宜尽量采用箱型截面的涵洞及通道,这种结构整体性强,刚度大,若产生沉降也是均匀的;

2)采用U型桥台或在台背后和两侧路肩设扶臂式挡土墙,杜绝路堤土被挤出,能有效防止沉降差的发展,同时一定要保证基底不产生不均匀沉降。

8404 如何提高路基填筑的平整度?

(1)路堤填筑前原地面处理:清理不适宜土,换填压实,坡面较大(大于1∶5)时,将坡面作成台阶,让填料充分嵌在地基里,以防路堤滑移,台阶宽度不小于1 m,向内倾斜3%～5%坡度,并分层夯实。

(2)路堤填料:填料采用砂砾及塑性指数和含水率符合规范要求的土,控制最佳含水率,保证压实度,或掺加外加剂改良。

(3)填土路基压实按规范严格执行。不同土质修筑路堤时,应注意以下方面:

1)层次尽量减少,每一结构层总厚不小于0.5 m,不得混杂乱填;

2)透水性差的土填下层时,要做成一定的横坡(一般为双向4%),保证上层水份及时排出;

3)合理安排不同土质层次,水稳性好的在上层,强度(形变模量)小的在下层;

4)不同土质路堤交接处做成斜面,透水性差的在下层。

(4)完善排水设施：

1)一般路段排水要注意防渗、防冲；

2)特殊路段的排水，结合水土保持进行综合治理，防止冲沟溯源，侵蚀路基。

8405　高填方路基产生沉降的主要原因有哪些？

(1)路基施工前未认真设置纵、横向排水系统或排水系统不畅通，长期积水浸泡路基而使地基和路基土承载力降低，导致沉降发生。

(2)原地面处理不彻底，如未清除草根、树根、淤泥等不良土壤，地基压实度不足等因素，在静、动荷载的作用下，使路基沉降变形。

(3)在高填方路堤施工中，未严格按分层填筑分层碾压工艺施工，路基压实度不足而导致路基沉降变形。

(4)不良地质路段未予以处理而导致路基沉降变形。

(5)路基纵、横向填挖交界处未按规范要求挖台阶，原状土和填筑土密度不同，衔接不良而导致路基不均匀沉降。

(6)填筑路基时，未全断面范围均匀分层填筑，而是先填半幅，后填另半幅而发生不均匀沉降。

(7)施工中路基土含水率控制不严，导致压实度不足，而产生不均匀沉降。

(8)施工组织安排不当，先施工低路堤，后施工高填方路基。往往高填方路堤施工完成后就立即铺筑路面，路基没有足够的时间固结。

(9)高填方路基在分层填筑时，没有按照相关规范要求的厚度进行铺筑，随意加厚铺筑厚度；压实机具按规定的碾压遍数压实时，压实度达不到规范规定的要求，当填筑到路基设计高程时，必然产生累计的沉降变形，在重复荷载与填料自重作用下产生下沉。

(10)路堤填料土质差，填料中混进了种植土、腐殖土或泥沼土等劣质土，由于土壤中有机物含量多、抗水性差、强度低等特性的作用，路堤将出现塑性变形或沉陷破坏。

8406　高填方路基沉降如何预防？

（1）做好施工组织设计，合理安排各施工段的先后顺序，明确构造物和路基的衔接关系，尤其对高填方段应优先安排施工，给高填方路堤留有足够的时间施工和沉降。

（2）填筑路基前，疏通路基两侧纵横向排水系统，避免路基受水浸泡。

（3）认真清除地表不良土质，提高地表压实质量。

（4）严格选取路基填料用土。选择水稳性好、干密度大、承载能力高的砾石类土填筑路基为宜。土质应均匀一致，不得混杂，剔除超大颗粒填料，保证各点密实度均匀一致。尽量选择集中取土，避免沿线取土。

（5）路堤填筑方式应采用水平分层填筑，即按照横断面全宽分层逐层向上填筑。当原地面纵坡大于12％的地段，宜采用纵向分层填筑施工，填筑至路基上部时，仍应采用水平分层法填筑。每层应保证层面平整，便于各点压实均匀一致。

（6）合理确定路基填筑厚度，分层松铺厚度一般控制在30 cm。当采用大吨位压路机碾压时，增加分层厚度，必须要有足够的试验数据证明压实效果，同时须征得监理工程师的同意，方可施工。

（7）控制路基填料含水率。

（8）选择合适的压实机具，重型轮胎压路机和振动压路机效果比较好。

（9）做好压实度的检测工作。

（10）认真做好台背、路桥过渡段及填挖结合部的压实工作。将该段作为路基施工的管理重点，抽调组成专门的回填队伍。台背处大型设备不易工作而采用小型夯实机具时，填筑的分层厚度宜控制在20 cm以内，同时应加大抽检频率保证压实。

（11）对于填挖结合部，应彻底清除结合部的松散软弱土质，做好换土、排水和填前碾压工作，按设计要求从上到下挖出台阶，清除松方后逐层碾压，确保填挖结合部的整体施工质量。

8407　高填方路基应如何压实？

(1)根据土质及场地情况选择最有利的机械设备。

(2)压路机先慢后快，直线段由两边向中间压，小半径曲线段由内侧向外侧纵向进退式碾压。

(3)横向接头一般重叠 40～50 cm，三轮压路机一般重叠后轮宽的 1/2。

(4)前后相邻区段，纵向重叠 1～1.5 m。

(5)采用夯锤压实时，夯位要密集紧靠，间隙不大于 15 cm。

8408　高填方路基产生沉降等病害时可采用哪些处理方法？

高填方路基产生沉降等病害时常采用的处理方法有：换土复填法、固化剂法、粉喷桩、注浆法等。

8409　注浆法加固路基时需使用哪些设备或配件？

(1)成孔设备：工程冲击钻，岩心钻机，人工冲击锤。

(2)注浆设备：注浆高压泵，浆液搅拌机。

(3)配套设备：高压注浆胶管、注浆花管、储浆池、水箱、电源线、控制箱、台秤等。

8410　注浆法施工包括那几步？应如何施做？

注浆法施工包括：布孔、钻孔、埋设注浆管、封孔、浆液试配、注浆、封管 7 步。

(1)布孔：注浆布孔一般按梅花型布置，施工时先定位放线，再对注浆孔进行编号。根据结构实体尺寸，可适当调整孔位，以避开障碍物。

(2)钻孔：钻孔直径一般为 45～60 mm，深度按加固深度设置，成孔后，对成孔深度进行核验。

(3)埋设注浆管：在注浆管底部 2 m 范围内打花眼，以便浆液向四周扩散。注浆管下端宜脱开孔底 0.3～0.6 m,避免注浆管端头被泥土堵塞。

(4)封孔:钻孔封口深度为 2～2.5 m,安装时在上部封口处用 7～10 cm 宽的编织袋封圈,封圈不到位时可用钢筋捅入预定位置,注浆管露出地面 15 cm 左右,然后钻孔内倒入拌好的水泥—水玻璃浆封口,养护 48 h 后即可灌注。

(5)浆液试配:每罐加入 200 kg 水泥,按比例掺入外加剂,搅拌时间 1.5～2.5 min。浆液搅拌均匀后,通过滤网进入储浆池,用筛子捞出浆液内杂物。

(6)注浆:将吸浆管放入储浆池,检查各管路连接好后,开动注浆泵,缓缓加压,增大进浆量,注意压力变化。在注浆过程中,应设立专人不断搅动储浆池中的浆液,密切注意压力表、吸浆量及孔口周围情况的变化,一旦出现堵管现象,应立即停止注浆,清洗疏通注浆管后再注。

(7)封管:注浆结束后,拆开孔中管与地面移动注浆管接口,并迅速用木塞将管口堵塞,减少回浆量。解开导浆管时,小心注浆管内浆液带压喷出伤人。